总主编◎楼宇烈

中华优秀传统文化经典丛书

货殖列传

(西汉)司马迁 著◎李晓 注解

云南出版集团
云南人民出版社

图书在版编目（CIP）数据

货殖列传 / (西汉) 司马迁著；李晓注解．-- 昆明：云南人民出版社，2023.7

（中华优秀传统文化经典丛书）

ISBN 978-7-222-21985-4

Ⅰ．①货… Ⅱ．①司… ②李… Ⅲ．①《史记·货殖列传》 Ⅳ．① K204.2 ② F092.2

中国国家版本馆 CIP 数据核字(2023)第122041号

出 版 人：李银和
责任编辑：金学丽
责任校对：李　红
装帧设计：宋徽因
责任印制：窦雪松

货殖列传

（西汉）司马迁 著　李晓 注解

出　版　云南出版集团　云南人民出版社
策　划　善品堂®藏书
发　行　云南人民出版社
社　址　昆明市环城西路609号
邮　编　650034
网　址　www.ynpph.com.cn
E-mail　ynrms@sina.com
开　本　889mm×1194mm　1/32
印　张　10.875
字　数　182千
版　次　2023年7月第1版第1次印刷

书　号　ISBN 978-7-222-21985-4
定　价　86.00元

出版缘起

文化是一个国家、一个民族的灵魂。泱泱华夏，五千年文明历史所孕育的中华优秀传统文化，是中华民族生生不息、发展壮大的丰厚土壤。

党的十八大以来，以习近平同志为核心的党中央高度重视中华优秀传统文化的传承与发展。2013 年 11 月 26 日，习近平总书记在山东曲阜考察时强调，要大力弘扬中华优秀传统文化。2022 年 6 月 8 日，习近平总书记在四川眉山三苏祠考察时指出："要善于从中华优秀传统文化中汲取治国理政的理念和思维。" 2017 年 1 月，中共中央办公厅、国务院办公厅印发《关于实施中华优秀传统文化传承发展工程的意见》，系统部署传承发展中华优秀传统文化的战略任务，把传承中华优秀传统文化提升到新的历史高度。2022 年 4 月，中共中央办公厅、国务院办公厅印发《关于推进新时代古籍工作的意见》，明确指出，要完善古籍工作体系、提升古籍工作质量，“挖掘古籍时代价值”，“促进古籍有效利用”，“做好古籍普及传播”。

中华传统文化是中华民族的“根”与“魂”。文化兴则国家兴，文化强则民族强。没有高度的文化自信，没有文化的繁荣兴盛，就没有中华民族的伟大复兴。党的十九届六中全会强调，要“推动中华优秀传统文化创造性转化、创新性发展”。为适应全民阅读、共读经典的时代需求，我们组织出版《中华优秀传统文化经典丛书》，以展示古籍研究领域的成果，推广、普及中华优秀传统文化经典，传承、弘扬中华优秀传统文化，提振当代中国人的文化自信。

激活经典，熔古铸今。丛书精选中华优秀传统文化经典，既选取广为人知的历史沉淀下来的传世经典，也增选极具价值但多部大型丛书未曾选入的珍稀出土文献（如诸多竹简、帛书典籍），充分展示中华传统文化的历史脉络与宏富多元。丛书由众多学识渊博的专家学者担任编委，遴选各领域杰出研究者与传承人担任解读（或译注）作者，切实保证作品品质。

丛书定位为中华优秀传统文化经典普及读物，力求能让广大读者亲近经典、阅读经典，充分领略和感受中华优秀传统文化的魅力，并从中获益。为此，解读者（或译注者）以当代价值需求为切入点解读古代典籍，全方位解决古文存在的难读难解、难以亲近的问题，让中华优秀传统文化贴近现实生活，走进人们的心中，最大限度地发挥以文化人的作用。

“问渠那得清如许？为有源头活水来。”博大精深的中华文化源远流长，五千年文脉绵延不绝，中华优秀传统文化是中华儿女奋发图强、继往开来、实现民族伟大复兴的强大精神来源。“洒扫应对，莫非学问。”读者诸君若能常读经典、读好经典，真正把传统文化的精义、真髓切实融入生活和工作，那各位的知与行也一定能让生活充满希望，让工作点亮未来，让国家昌盛，让世界更美好！

丛书编委会

2022年6月9日

前　言

《史记·货殖列传》——企业家的必读书

2022年春节前夕，习近平总书记在山西平遥了解晋商文化和晋商精神的孕育、发展等情况时强调：要坚定文化自信，深入挖掘晋商文化内涵，更好弘扬中华优秀传统文化，更好服务经济社会发展和人民高品质生活。

习总书记说得好！我们的祖先并非唯擅农耕、拙于工商。历史事实是，中华民族不仅创造过人类史上最辉煌的农业文明，而且创造过发达的工商业文明，包括繁荣的国际贸易，其代表就是从中国出发连接亚欧非的陆上、海上丝绸之路。在工商业经济长期领先于世界的基础上，中华民族也以自己的话语体系创造了独具特色、自成一脉的商业文化和商业精神，并长期在世界上独领风骚。

商业文化是社会主流文化的子系统或曰亚文化，中国传统商业文化是中华优秀传统文化江河水系中的一脉支流，两者彼此浸润，桴鼓相应。一方面，商业文化从属于传统文化的整体系统，是中华优秀传统文化良田沃土孕育滋养的瑰丽结晶。中华优秀传统文化讲仁爱、重民本、守诚信、崇正义、尚和合、求大同等特质，形塑着商业文化的价值取向、事业追求、职业态度、行为规范、得失标准。另一方面，商业文化作为物质文明在人们头脑中最直接的反映，也有诸多不同于儒、道、释等精神文明的特定内涵和表现形式。商业文化以工商业者和行规业俗为传承主体和载体，以金谷细务为对象，以国计民生为旨归，特别强调足履实地，格外注重行动实效，是知行合一的实践舞台、经世致用之笃行原野，不同于笔砚讲堂和诗赋辞章。

弘扬中国传统商业文化，是坚定文化自信的重要命题，也是历史赋予新时代中国企业家的神圣使命。[1]

中国优秀传统商业文化最具代表性的经典文献，就是司马迁的《史记·货殖列传》。

“我告诉你们诸位老板，读书首先要读《货殖列传》！”“司马迁第一个提出来商业的哲学，写了一篇《货殖列传》。”这是 2007 年 7 月 28 日、12 月 15 日，南怀瑾先生给专程到太湖

1. 李晓：《弘扬中华优秀传统商业文化》，《红旗文稿》2022 年第 9 期，第 43—45 页。

大学堂学习的北京大学光华管理学院EMBA学员、中国银监会官员讲座时一再强调的。

南怀瑾先生说：

“诸位千万注意《货殖列传》这一篇。

“这篇《货殖列传》是关于经济、工商业的发展。中国传统的文化，儒家、道家都看不起工商业，看不起做生意的，只有司马迁不同，他提出了工商业的事。

“他写书的时候距离我们两千多年了，如果你把他读懂了，就会发现同现在的思想，同国外来的经济思想、理论、商业观念，很多是相同的。

“《货殖列传》里面，每一个故事都告诉你管理的道理。

“他中间提了很多怎么样做生意发财，怎么样致富的，不一定专指做生意，乃至做人，怎么帮助社会国家。

“司马迁这一篇文章读完了，你差不多懂了人生。不过你只读一次两次不行的哦，要读很多次才可能懂。”[1]

事实上，南怀瑾先生一直十分重视《货殖列传》。据上海斯米克集团总裁李慈雄回忆，早在1977年，他在台湾大学攻读物理学时，拜南怀瑾先生为师，南怀瑾先生教他学习的第一部经典，就是《货殖列传》。后来他投身商界，33岁创办斯米克集团，始终深受《货殖列传》的影响。

1. 以上引文见南怀瑾讲述《漫谈中国文化——金融·企业·国学》，东方出版社2008年版，第12、89、90、95—96、106、111页。

南怀瑾先生学贯古今，独步天下，于儒、释、道诸家皆有当世罕见的卓越造诣，在中华优秀传统文化振颓起衰的伟大复兴中，厥功至伟。那么，古代文献汗牛充栋，为什么南怀瑾先生对《货殖列传》如此看重呢?

这或许与南怀瑾先生的人生经历有一定关系。他在一次面向企业家讲《货殖列传》时说："我的兴趣多方面，我也做过生意，也发过财。可是有个经验你们没有，我一夜之间，一万条黄金都没有了，要卖衣服吃饭。如果失败的经验没有，你不要和我谈生意，不要和我谈经济学，因为你不懂。我说，我的经济学不是书本上读来的，是实际来的。"随后他说，做生意要效法几个人，即《货殖列传》开篇讲述的姜子牙、管仲、范蠡、子贡。[1]

当然，南怀瑾先生的身份主要是一位大学问家。如果没有南怀瑾先生那么博学，没有他那样对于中华民族的优秀传统文化毕其一生研精覃思，随便一个生意人，即使破产再惨痛、失败再频繁，亦未必懂得《货殖列传》的价值、领悟《货殖列传》之精妙。

我曾经在某地方讲课，将近千人的听众都是企业家，我说："各位朋友，听说过《货殖列传》的，请举手。"结果举手的没有几个人。我又问："读过的请举手。"几乎就没有人了。很多人知道《史记》，最起码对书里面的一些人物

1.《南怀瑾讲演录》（2004—2006），第一章《读书和工商文化》。

故事并不陌生。但是，了解《货殖列传》的人，委实不多。

那么，《货殖列传》究竟是一部什么样的经典呢?

《货殖列传》，是伟大史学家司马迁在其皇皇巨著《史记》中，专门记述商人传记、经济现象的一篇文献。《史记》共一百三十卷，《货殖列传》排在倒数第二卷（最后一卷，就是司马迁给自己写的自传——《太史公自序》了）。也就是说，如果我们从头至尾地阅读《史记》，差不多快读完了，才能读到《货殖列传》。

但在中国商业史上，乃至人类商业史上，司马迁的这篇《货殖列传》地位之非凡、影响之深远，突出表现在以下四个方面。

第一，它是人类历史上，当然也是中国历史上第一部专门为商人树碑立传、为商业正名言理的著作。此后除了班固的《汉书》仿其体例有《货殖传》（而且不少内容照搬了《史记》）之外，在二十四史中再无续篇。从这个意义上说，《货殖列传》不仅空前，亦可谓绝后。

第二，《货殖列传》通过上自西周，下迄汉武帝的商人事迹、商品生产、商业贸易、商业地理、经营原则等的史事敷陈，深刻揭示了商业经营、企业管理的本质和规律，属于南怀瑾先生所说的“商业哲学”层面的经典，是对人类商业文明的巨大贡献。

第三，与欧洲的商业文化相比，《货殖列传》的独特性和先进性更加显而易见。欧洲古代的工商业经济除了地中海沿岸较为繁荣，总体上长期落后于中国，商业理论更是乏善可陈。例如，与春秋战国大致同时的古希腊就十分鄙视工商业，工商业者没有公民资格。马克思在《资本论》第一卷两度引述的亚里士多德的观点就认为“经济”（使用价值的自给自足）和“货殖”（商品生产和货币流通）有善恶之别，前者是必要的、值得称赞的，后者以流通为基础，纯属赚钱术，应受谴责。[1] 这些思想进而成为欧洲中世纪天主教宗教神学占统治地位的价值观念，认为“生意是罪恶的需要”，商业是“极为肮脏的勾当”。[2] 这使得欧洲包括英国虽然存在工商业，但“各行业所需要的知识只为少数人所有，而且不外传，除了这种垄断的而且往往是祖传的技艺外，就再也没有什么可利用的了；当时并没有‘一般的’商业知识。一般的赚钱之道只是近代的事”。[3] 这越发凸显了中国传统商业文化在人类商业史上的地位。

第四，如同所有军事家都必须学习《孙子兵法》一样，《货殖列传》也被历朝历代的商人、企业家奉为必读书，对于近现代的工商企业管理实践发挥了深远影响。例如，荣毅

1.《马克思恩格斯文集》第 5 卷，中共中央马克思恩格斯列宁斯大林著作编译局编译，人民出版社 2009 年版，第 178 页注 6、192 页。

2.〔美〕丹尼尔·A. 雷恩：《管理思想的演变》，李柱流等译，中国社会科学出版社 1997 年版，第 29 页。

3.〔英〕马歇尔：《经济学原理》下卷，陈良璧译，商务印书馆 1965 年版，第 305 页注 2。

仁的父亲荣德生称："凡吾所营，尽得此旨。"再如，《货殖列传》记载战国巨商白圭的原则"人弃我取，人取我与"，近代著名爱国华侨商人领袖陈嘉庚总结毕生经验"人弃我取，人争我避"，与之一脉相承。又如，司马迁记载商业经营有"贪贾""廉贾"之别，范蠡属于廉贾典范，经商只求"什一之利"，现在华为坚持的"深淘滩，低作堰"亦与之异曲同工。

南怀瑾先生之所以谆谆告诫当今的企业家"读书首先要读《货殖列传》"，原因就在于《货殖列传》深刻揭示了商业经营、企业管理的本质和规律。

那么，从事商业经营、进行企业管理，为什么必须认识事物的本质、把握其发展规律呢?

近几年来，有一句话比较流行："世界上唯一不变的，是变化。"

这种说法，貌似深刻，实则大谬不然！

诚然，世界上很多东西在变。每天，日升日落；每年，花落花飞。随着技术进步一日千里，很多东西瞬息万变。

但是，我们千万不要忘记，世界上有变，也有不变！

每天日升日落，但是，太阳一定是东方升起，西边落下。没有一天是倒着来的！每年花落花飞，但是，一定是春夏秋冬，四季轮回。哪有一年是反着过的?

《老子》第十六章有云："知常，曰明。不知常，妄作，凶。"

何谓“常”？永恒不变的规律也。只要事物的本质不变，规律是永远发挥作用的。只有懂得事物的本质，自觉按照其固有的规律办事，才称得上富有智慧的明白人。“不知常”，就可能胡变、乱变、瞎变，别人变，我们跟着盲目地变，此即所谓“妄作”。其结果就是“凶”！变出灾殃，变出祸患！

管理学名著《基业长青》的作者吉姆·柯林斯说得好：“诚然，世界是在变化的，而且正在以一种加速度变化，但这并不意味着我们要放弃追寻能经受时间考验的基本观念。相反，我们比以往任何时候都更需要它们。……对于一个公司来说，面临的最大问题不是缺乏新的管理思想，而是不能理解最基本的原则。”[1]

因此，真正的智者，是“以不变，应万变”。也就是，通过认识和把握永恒不变的规律，理解最基本的原则，来应对世界上的千变万化。

《孙子兵法》的价值就是这样。2500年前的春秋时代，孙武写兵法的时候，仗是怎么打的？是站在马车上，用长长的矛、戈搏击。就连火药发明以前，人类最厉害的兵种骑兵，中原内地都没有。直到战国时期，赵武灵王“胡服骑射”，向北方游牧民族学习骑马打仗，中原内地才有了骑兵。至于飞机、大炮、坦克，孙武更是见所未见，闻所未闻了！

1.〔美〕吉姆·柯林斯等：《基业长青》，真如译，中信出版社2009年版，《再版导言》，第5页。

尽管现在的仗，已经打到了看不见摸不着的信息化战争，《孙子兵法》依然是全世界所有战争指挥员的必读书，甚至成为美国西点军校的重要参考读物，它的很多思想都收进了军事学教科书之中。

为什么这样？就因为《孙子兵法》深刻地揭示了战争的本质和规律。我们甚至可以断言：无论将来的战争怎么打，即使打到了星球大战，只要战争的本质不变，《孙子兵法》照旧大有用武之地。

战争如此，商业何尝例外呢？过去，卖东西是摆摊开店，现在很多都转型为电商了。近几年，每年的“双十一”都在刷新销售纪录。但是请问，卖东西的办法变了、形式改了、手段换了，卖东西的本质有没有变呢？没有！不管是卖什么、怎么卖、在哪儿卖，都必须为客户创造价值吧？都不能搞假冒伪劣、坑蒙拐骗、伤天害理、违法乱纪吧？如果不认清事物的这些本质，按照不变的客观规律做事，那就属于“妄作”，其结果必然是“凶”！

因此，虽然司马迁写作的时候，商品交换方式落后、货币形态原始、市场经济不发达、企业组织较简单，但是，这丝毫不妨碍司马迁对于商业经营本质的洞察，丝毫不影响他对于企业管理规律的揭示，丝毫不遮蔽他理性智慧的光辉！而尽管现在互联网、大数据方兴未艾，电子商务、新零售眼花缭乱，只要商业经营、企业管理的本质不变，《货殖列传》

依然不会因为时间流逝而退去光芒，也不会因为事过境迁而失却价值！

2014 年 11 月 29 日，中央外事工作会议上，习近平总书记发表了重要讲话，他说："我们看世界，不能被乱花迷眼，也不能被浮云遮眼，而要端起历史规律的望远镜去细心观望。"

国际风云，变幻莫测；世界关系，错综复杂。要在这种复杂多变的局势之下，制定一个行之有效的外交政策，最大限度地维护我们的国家利益，既要研究眼前的变，更必须认识事物的本质、汲取过去的经验教训、遵循历史的规律。

同样的道理，在技术变革日新月异、商业形态变幻多端、管理概念层出不穷、新生事物五花八门的时代背景下，广大的企业家，要想不"妄作"，避免"凶"，就必须"端起历史规律的望远镜"，悉心研读《货殖列传》，根究事物本质，遵循客观规律。

目　录

上　篇
《货殖列传》译注

下　篇
《货殖列传》故事新编

上 篇

《货殖列传》译注

【说明】

1 本书译注的《货殖列传》，依据点校本二十四史修订本《史记》（中华书局2014年版，第3949—3987页）。

2 为便于读者阅读，每自然段按原文、注释、译文的次序排列。

3 司马迁的《史记》，历代注解颇多，影响最大的是唐代司马贞的【索隐】、唐代张守节的【正义】、宋代裴骃的【集解】。中华书局出版的点校本，都是在正文之后，列举这三种注解。这些古人注解不仅有助于理解原文，而且有些内容是对原文的有益补充。本书在保留这些内容的基础上，对需要出注的部分，广泛参考今人研究成果进行新注解，标以【今注】，并另起一行，以示区别。

货殖[1]列传[2]

【注释】

1【索隐】《论语》云：“赐不受命而货殖焉。”《广雅》云：“殖，立也。”孔安国注《尚书》云：“殖，生也。生资货财利。”

【今注】货：即财货、资财。殖：即繁殖、增殖，孔安国所言是也。货殖，即以营利为目的的商业性经营活动，除了商业买卖，还包括手工业和农牧渔业商品生产、采矿业、服务业等，同时也指经营这些业务的人。“货殖”一词，出自孔子。《论语·先进》：“赐不受命而货殖焉，亿则屡中。”这是孔子对子贡经商才干的评价。意思是端木赐（子贡）不听天由命（或曰不接受官府任命）而从事商业活动，预测行情每每比较准确。

2【今注】《史记》是我国第一部纪传体历史书，主要以人物传记载录历史，有三种人物传记形式。“本纪”是帝王传记、“世家”是王侯传记、“列传”是臣民的传记。

《老子》曰：“至治之极，邻国相望[1]，鸡狗之声相闻，民各甘其食，美其服，安其俗，乐其业，至老死不相往来。”必用此为务，挽[2]近世涂[3]民耳目，则几[4]无行矣。

【注释】

1 【正义】望音亡。

2 【索隐】挽音晚，古字通用。

3 【今注】涂：堵塞之意。

4 【今注】几：几乎。

【译文】

《老子》说：“天下大治到了最高的境界，邻国的百姓能相互望见，鸡鸣狗吠的声音能彼此听到，人们都吃自认为最美味的食物，穿自以为最漂亮的衣服，安安稳稳照自己的习惯生活，从事自己最喜欢干的工作，直至老死，都互不来往。”如果一定按照这种说法去做，那么到了近代，除非先堵塞人们的耳目，否则是绝对行不通的。

太史公[1]曰：夫神农以前，吾不知已。至若《诗》

《书》所述虞夏以来，耳目欲极声色之好，口欲穷刍豢之味，身安逸乐，而心夸矜埶[2]能之荣，使俗之渐民久矣。虽户说以眇论[3]，终不能化。故善者因之，其次利道[4]之，其次教诲之，其次整齐之，最下者与之争。

【注释】

1 【今注】太史公：司马迁的自称。

2 【今注】埶：通“势”，权势、地位。

3 【今注】眇论：精妙的言论。

4 【今注】道：通“导”，引导、诱导。

【译文】

太史公说：神农以前的历史，我不得而知。至于《诗经》《尚书》记载的虞舜、夏朝以来的情况，则是人们的耳目要赏尽妙音美色，嘴巴要尝遍山珍海味，身体安于闲逸享乐，心思都用在炫富逞能、夸耀权势、显摆尊荣。人们受这种风气熏染，积久成习，即使用《老子》那套精妙的理论、动听的言辞去挨门逐户地劝说，也终究不能转化、改变了。所以最好的政策首先是顺应人们的本能，其次用利益诱导人们的取向，再次是教诲人们如何去做，最后是整顿干预、损有余补不足，最糟糕的做法是凭借权力与民争利。

夫山西饶材、竹、穀、纑[1]、旄、玉石；山东多鱼、盐、漆、丝、声色；江南出楠、梓[2]、姜、桂、金、锡、连[3]、丹沙、犀、玳瑁、珠玑、齿革；龙门、碣石[4]北多马、牛、羊、旃裘、筋角；铜、铁则千里往往山出棋置：[5]此其大较[6]也。皆中国人民[7]所喜好，谣俗被服饮食奉生送死之具也。故待农而食之，虞[8]而出之，工而成之，商而通之。此宁有政教发征期会哉？人各任其能，竭其力，以得所欲。故物贱之征贵[9]，贵之征贱，各劝其业，乐其事，若水之趋下，日夜无休时，不召而自来，不求而民出之。岂非道之所符[10]，而自然之验邪？

【注释】

1 【集解】徐广曰："纻属，可以为布。"【索隐】上音谷，又音雒。穀，木名，皮可为纸。纑，山中纻，可以为布，音卢。纻，音伫，今山间野纻，亦作"苎"。

【今注】纑：lú。

2 【索隐】南子二音。

3 【集解】徐广曰："音莲，铅之未炼者。"【索隐】下音莲。

4 【正义】龙门山在绛州龙门县。碣石山在平州卢龙县。

5 【索隐】言如置棋子，往往有之。【正义】言出铜铁之山方千里，如围棋之置也。《管子》云："凡天下名山五千二百七十，出铜之山四百六十七，出铁之山三千六百有九。山上有赭，其下有铁。山上有铅，其下有银。山上有银，其下有丹。山上有磁石，其下有金也。”

6 【索隐】音角。大较犹大略也。

7 【今注】此乃文献中首次出现“中国人民”的词语搭配。“中国”大致为中原地区，与今天含义不同。

8 【今注】虞：古代官名，掌管山林川泽。古代山林川泽属于国有资源。此处泛指从事伐木、采矿、渔猎者。

9 【索隐】征者，求也。谓此处物贱，求彼贵卖之。

10【索隐】道之符。符谓合于道也。

【译文】

山西地区出产很多的木材、竹子、榖树、麻类、旄牛、玉石等；山东地区则多鱼、盐、漆、丝和乐工美女；江南一带出产楠木、梓木、姜、桂、金、锡、铅矿石、朱砂、犀牛、玳瑁、各种珍珠以及象牙皮革等；龙门和碣石以北的地方多产马、牛、羊、毛毡皮裘以及各种动物的筋角等；铜和铁则是千里之内就有出产，山间矿冶星罗棋布。以上所说的，是物产的大概情形。这些东西都是中国人民所喜爱的，俗话所说的用于衣着饮食、奉养生者、葬送死者的民生物资。所以说大家都靠农民的耕种才有吃的，靠虞人才能把山泽中的资源开发出来，靠工人做成各种器具，靠商人贸易使货物流通。这难道需要发号施令、诱导教诲才能征发收集、限期会聚的吗？人们自然而然地都会尽其能、竭其力，满足自己的欲望。所以某一物品价格低贱了，就有可能转而上涨，某一物品价格高昂了，就有可能转而下跌，大家各自致力于自己的事业，乐于从事自己的工作，就像水往低处流一样，日日夜夜不会停息，物品会不用召唤自然而来，不必求取老百姓也会自动生产出来。这难道不是符合客观规律，自然而然得到证明的吗？

《周书》曰：“农不出则乏其食，工不出则乏其事，商不出则三宝[1]绝，虞不出则财匮少。”财匮少而山泽不辟[2]矣。此四者，民所衣食之原[3]也。原大则饶，原小则鲜[4]。上则富国，下则富家。贫富之道，莫之夺予[5]，而巧者有余，拙者不足。

【注释】

1 【今注】三宝：数种宝贵、重要之物。此谓粮食、用具、财货等国计民生的重要商品。

2 【索隐】下音辟。辟，开也，通也。

3 【今注】原：根本、源泉。

4 【今注】鲜：匮乏。

5 【索隐】音与。言贫富自由，无予夺。

【今注】意思是贫富的根源最终取决于人的努力与否，

是不能靠外力给予或剥夺的。

【译文】

《周书》说："农夫不务农，人们就会缺乏食物；工匠不做工，人们就会缺乏用具；商人不贸易，那么粮食、用具、财货这三种宝贵物资就会断绝来源；（管理山泽的）虞人不开采，人们就会财货匮乏。"财货匮乏，山林川泽就得不到开发。农、工、商、虞这四个方面，是人们衣食的源泉。源泉大，资财富饶；源泉小，资财短缺。广开财源，上可以富国，下能够富家。贫富变化的法则，并非外在条件所决定的，而取决于人自身的因素，智巧的人财物总是有余，愚拙的人财物往往不足。

故太公望[1]封于营丘[2]，地潟卤[3]，人民寡，于是太公劝其女功[4]，极技巧，通鱼盐，则人物[5]归之，襁至[6]而辐凑。故齐冠带衣履天下，海岱之间敛袂而往朝焉。[7]其后齐中衰，管子修之，设轻重九府[8]，则桓公以霸，九合诸侯，一匡天下；而管氏亦有三归[9]，位在陪臣，富于列国之君。是以齐富强至于威、宣[10]也。

【注释】

1 【今注】太公望：即姜尚（吕尚、姜子牙）。

2 【今注】营丘：地名，位于今山东临淄西北。

3 【集解】徐广曰："潟，音昔。潟卤，咸地也。"

4 【今注】女功：即女红，妇女从事纺织业。

5 【今注】人物：人口和物资。

6 【今注】襁：襁褓。襁至，怀抱婴儿移民而来。

7 【索隐】言齐既富饶，能冠带天下，丰厚被于他邦，故海岱之间敛衽而朝齐，言趋利者也。

8 【正义】《管子》云"轻重"，谓钱也。夫治民有轻重之法，周有大府、玉府、内府、外府、泉府、天府、职内、职金、职币，皆掌财币之官，故云九府也。

【今注】轻重：官府控制商品流通、调节物价的理论和政策。

9 【今注】三归：其说不一，此可理解为管仲治齐有功，齐桓公赐其齐国商税的三成。所以虽身为臣子，富敌国君。

10【今注】威、宣：齐威王、齐宣王时期。

【译文】

当年姜太公被分封到营丘，建立齐国，那里的土地都是不能耕种的涝洼地、盐碱地，居民稀少，于是姜太公就鼓励百姓从事纺织、缝纫、编结、刺绣等工作，讲究技巧，做工精良；姜太公又利用当地出产的鱼、盐进行商业贸易。结果人才和物资都从四面八方汇聚辐辏而来，别处的百姓甚至扶老携幼移民到齐国。所以齐国出产的衣服鞋帽畅销天下，东海到泰山之间的诸侯也都恭恭敬敬地前来齐国朝拜。后来齐国一度衰落，管仲重新整顿治理，设置九府管理经济事务，齐桓公因此得以成为春秋第一位霸主，多次集合诸侯会盟，把天下纳入正道。而管仲本人也因功得到了市场税收三成的奖赏，虽然居于陪臣地位，却比各国的诸侯还要富有。齐国也因而保持富强直至后世威王、宣王的时代。

故曰："仓廪实而知礼节，衣食足而知荣辱。"礼生于有而废于无。故君子富，好行其德；小人富，以适其力[1]。渊深而鱼生之，山深而兽往之，人富而仁义附焉。富者得埶[2]益彰，失埶[3]则客无所之[4]，以而不乐。夷狄益甚。谚曰："千金之子，不死于市。"[5]此非空言也。故曰："天下熙熙，皆为利来；天下壤壤，皆为利往。"夫千乘之王，万家之侯，百室之君，尚犹患贫，而况匹夫编户之民乎！[6]

【注释】

1 【今注】以适其力：得以炫示他的能力。

2、3 【今注】埶：通"势"。

4 【今注】之：通"至"。

5 【今注】千金之子，不死于市：家有千金的富豪，其子即使犯罪被处死，也可以不在闹市上斩首，得以留其体面。

6【今注】一般认为以上数段是《货殖列传》的序文。

【译文】

所以说："粮仓充实了，人们才会懂得遵守礼节；衣食丰足了，人们才会注重荣辱。"礼义产生于财富充裕之处，贫困之时就遭废弃。因而贤德君子富有之后，就可以凭借财产广施仁德；平民百姓富有之后，就能凭借财产展现自己的力量。水深了，鱼类就会在里面生长；山深了，鸟兽就会前往繁衍；人富了，才有条件去讲求仁义道德。富人得势了，名声地位就更加显赫，但一旦失势，无人理会，门可罗雀，难免郁闷不乐。这类情况，在没有开化的蛮夷之地尤其明显。民谚说："家有千金的富豪，即使儿子犯了死罪，也不会在闹市上被处决。"这并非空话。所以说："天下人吵闹喧嚷，都是为求财而来；天下人奔走纷乱，都是为谋利而往。"就连那些拥有兵车千辆的国王、食邑万户的列侯、受封百家的封君，尚且都担心钱财不够花销，何况被编入户籍，要负担租税徭役的平民百姓呢！

昔者越王句践[1]困于会稽[2]之上，乃用范蠡、计然[3]。计然曰："知斗则修备，时用则知物[4]，二者形[5]则万货之情[6]可得而观[7]已。故岁在金，[8]穰；[9]水，毁[10]；木，饥；火，

旱[11]。旱则资舟，水则资车[12]，物之理也。六岁穰，六岁旱，十二岁一大饥。夫粜[13]，二十病农，九十病末[14]。末病则财不出，农病则草不辟矣。上不过八十，下不减三十，则农末俱利，平粜齐物[15]，关市[16]不乏，治国之道也。积著[17]之理，务完物，无息币[18]。以物相贸，易腐败而食之货勿留，无敢居贵[19]。论其有余不足[20]，则知贵贱。贵上极则反贱，贱下极则反贵。贵出如粪土，贱取如珠玉。[21]财币欲其行如流水。”修之十年，国富，厚赂[22]战士，士赴矢石，如渴得饮，遂报[23]强吴，观兵中国[24]，称号“五霸”。

【注释】

1 【今注】句践：即勾践。

2 【今注】会稽：即会稽山，在今浙江绍兴。

3 【集解】徐广曰：“计然者，范蠡之师也，名研，故谚曰‘研、桑心算’。”骃案：范子曰：“计然者，葵丘濮上人，姓辛氏，字文子，其先晋国亡公子也。尝南游于越，范蠡师事之。”【索隐】计然，韦昭云范蠡师也。蔡谟云蠡所著书名“计然”，盖非也。徐广亦以为范蠡之师，名研，所谓“研、桑心计”也。范子曰：“计然者，葵丘濮上人，姓辛氏，字文，其先晋之公子。南游越，范蠡事之。”《吴越春秋》谓之“计倪”。《汉书·古今人表》：计然列在第四，则“倪”之与“研”是一人，声相近而相乱耳。

【今注】多数注释者认为计然是人名，是范蠡之师。我们采纳此说。“研、桑心算”或“研、桑心计”中的桑，即桑弘羊；心算或心计，即擅长在头脑中算数。

4【索隐】时用知物。案：言知时所用之物。

【今注】时用：即同一物品在不同时候有不同用途或不同价格表现。知物：即认识事物之本质规律。

5【今注】二者：即同一商品在市场形势好和市场形势不好时的价格表现。形，对照、比较，如相形见绌之形。

6【今注】情：行情趋势。

7【今注】观：预测。

8【今注】岁：岁星，即木星。中国古代农耕文明发展与天文学进步如影随形。古人观察天象，木星每十二年左右运行一个周期，以地支名之，用以纪年，故曰岁星。木星运行的十二个位置又分别被赋予五行的属性，以之判断年景丰歉。“岁在金”，就是木星运行到属性为金的位置，下同。

9【今注】穰（ráng）：丰收。

10【今注】毁：灾荒。

11【索隐】五行不说土者，土，穰也。

12【索隐】《国语》：大夫种曰“贾人旱资舟，水资车以待”也。

【今注】资：积蓄、购进。

13【今注】粜（tiào）：售出粮食。

14 【索隐】言米贱则农夫病也。若米斗直九十，则商贾病，故云“病末”。末谓逐末，即商贾也。

【今注】二十、九十：粮食价格。病：伤害。末：工商业者。

15 【今注】平粜：平衡物价。齐物：物资供求平衡。

16 【今注】关：交通道路上的关口。市：都会的商品交易市场。关市，此处指跨地区物流和市场交易物资。

17 【索隐】音张吕反。

【今注】积著：即积微成著、积少成多，此处指财富积累。

18 【索隐】毋息弊。久停息货物则无利。

【今注】原文为“无息币”。“币”即资金，亦泛指货物。“无息币”就是要加快资金和货物周转，与后文“财币欲其行如流水”同。《索隐》以“币”为“弊”，不确。

19 【今注】居：囤积。“居贵”就是以为价格会永远上涨而囤积货物不肯出售。

20 【今注】有余：即供过于求。不足：即供不应求。

21 【索隐】夫物极贵必贱，极贱必贵。贵出如粪土者，既极贵，后恐其必贱，故乘时出之如粪土。贱取如珠玉者，既极贱，后恐其必贵，故乘时取之如珠玉。此所以为货殖也。元注恐错。

22 【今注】赂：奖赏。

23 【今注】报：报仇雪恨。

24 【今注】中国：中原。

【译文】

从前越王勾践兵败困守在会稽山上，于是就任用范蠡和计然。计然说："知道有战争，就必须提前整治军备；要明白同一个物品在不同的时期会有不同的用途，或者说同一种商品在不同的市场形势之下会有不同的价格表现，就必须深刻认识事物的本质和规律。把上涨和下跌两种情况加以对照，那么任何货物的特点和经营原则都可以尽收眼底了。每逢岁星（即木星）运行到五行的金位，这一年会是丰年；岁星运行到五行的水位，这一年会有水灾；岁星运行到五行的木位，这一年会有饥荒；岁星运行到五行的火位，这一年会有旱灾。大旱之年要准备好船只，大涝之年要准备好车辆，这是预先应对事物变化的基本原理。农业生产每六年一个丰年，每六年一次干旱，每十二年就有一次大饥荒。出售粮食，每斗价格跌到二十钱，就会伤害农民，每斗价格涨到九十钱，就会伤害工商业者。工商业者受到伤害，工具的生产和财货流通就会受影响，农民受到伤害，土地就得不到开垦。如果粮价上涨每斗不超过八十钱，下跌不低于三十钱，那么农民和工商业者双方都能得利。官府以平价出售粮食，干预市场，调节物价，使异地物流和市场商品都不匮乏，这是治理国家必须遵循的原则。商业经营的基本原理是，货物必须务求完好，资金应该周转不息。在商品交易中，容易腐败的货物和食品切勿久留。千万不要敢于坚信物价会涨势无边而囤积居奇。探究清楚商品的供求状况，就可预知其价格涨落；涨价到了极点就会下跌，跌价到了极点就会上涨。涨价到一定程度，要把手中的商品像粪土一样坚决抛掉；跌价到一定程度，要像抢夺珠宝玉石一样坚决买进。货物、资金都应该像流水一样不停地周转。”勾践采用《计然之策》，励精图治十年，越国财力富裕，能够优厚地犒赏战士，战士们冒着敌人的飞箭投石奋勇前进，就像渴极了的人想得到饮水一样，终于报仇雪恨，消灭了强大的吴国。勾践挥师北上，在中原地区检阅军队，耀武扬威，名列“春秋五霸”之一。

范蠡既雪会稽之耻，乃喟然[1]而叹曰：“计然之策七，越用其五而得意。既已施于国，吾欲用之家。”乃乘扁舟[2]浮于江湖[3]，变名易姓，适[4]齐为鸱夷子皮[5]，之[6]陶[7]为朱公。朱公以为陶天下之中，诸侯四通，货物所交易也。乃治产积居。与时逐[8]而不责于人[9]。故善治生者[10]，能择人而任时。十九年之中三致千金，再分散与贫交疏昆弟。此所谓富好行其德者也。后年衰老而听子孙[11]，子孙修业而息之[12]，遂至巨万[13]。故言富者皆称陶朱公[14]。

【注释】

1 【今注】喟（kuì）然：叹息状。

2 【集解】《汉书音义》曰："特舟也。"【索隐】扁音篇，又音符殄反。服虔云："特舟也。"《国语》云："范蠡乘轻舟。"

3 【正义】《国语》云勾践灭吴，反至五湖，范蠡辞于王曰："君王勉之，臣不复入国矣。"遂乘轻舟，以浮于五湖，莫知其所终极。

4 【今注】适：到达。

5 【索隐】大颜曰："若盛酒者鸱夷也，用之则多所容纳，不用则可卷而怀之，不忤于物也。"案：《韩子》云"鸱夷子皮事田成子，成子去齐之燕，子皮乃从之"也。盖范蠡也。

【今注】鸱（chī）：关于鸱夷子皮，史上说法颇多。有的说鸱夷是皮革做的袋子。吴王夫差把伍子胥遗体装进鸱夷沉于江底。故范蠡以此为名，有自沉于江湖之意。还有的说鸱夷子皮是齐国古老商号，范蠡买下，且以之为名。不管怎样，鸱夷子皮是范蠡到齐国后一度的曾用名，是没有问题的。

6 【今注】之：通"至"。

7 【索隐】服虔云："今定陶也。"【正义】《括地志》云"即陶山，在齐州平阳县东三十五里陶山之阳也。今南五里犹有朱公冢"。又云曹州济阳县东南三里有陶朱公冢，又云在南郡华容县西。未详也。

8 【集解】《汉书音义》曰："逐时而居货。"【索隐】

韦昭云：“随时而逐利也。”

9【索隐】案：谓择人而与人不负之，故云不责于人也。

【今注】先秦商业思想特别主张杰出商人应该从研究并利用市场形势中获益，而不是靠与人讨价还价牟利。非常经典的例子如《战国策·赵策三》云：“良商不与人争买卖之贾（通“价”）而谨司时。时贱而买，虽贵已贱矣。时贵而卖，虽贱已贵矣。”杰出的商人从来不与人争执买卖价格之高低，而是认真研究市场形势变化、商品价格走势。价格水平相对较低的时候买进，即使买的价格略高些，总体而言仍是很便宜的。价格水平较高时售出，即使售价低廉些，相比之下依然是很合算的。这种利用客观形势，从价格波动中获得的收益，要比与人竞争或讲价得到的好处大得多。本书认为从这个角度，才能正确理解“与时逐而不责于人”的思想内涵。

10【今注】治生：做生意、从事商业性经营。

11【今注】听：委托。

12【今注】息：增殖、扩张。

13【集解】徐广曰：“万万也。”

14【今注】古人常把籍贯、居住地等地名置于姓名之前，意为某地之某人。范蠡居于陶，改名朱公，故人称陶朱公。

【译文】

范蠡辅佐勾践洗雪了在会稽山被迫向吴国屈膝求和的耻辱之后，长叹道："《计然之策》共有七条，越国只用了其中五条就能反败为胜，消灭吴国。既然它在治国上已收奇效，我也可以用于治家。"于是范蠡就乘一艘小船离开了越国，漂荡江湖，改名换姓，到了齐国，自称"鸱夷子皮"，后来又到了陶，改称"朱公"。朱公认为陶这个地方位于天下的中心，与各诸侯国四通八达，是商业贸易的集散地。于是就在陶定居下来，置办产业，积聚货物。他主要利用时势的变化追逐利润，并不过分苛求所任用的人。所以说擅长经营的人，必定能善于用人，并能把握时势的波动规律。范蠡在十九年的时间里数次赚取了数以千计的黄金，又先后数次把财产分给了贫穷的朋友和远房的同族兄弟。范蠡就是前面所说的富有之后又喜欢广施仁德的贤德君子啊！后来他年老力衰，就把家族产业委托给子孙经营。在他的子孙主持下，范家的产业不断增殖生息，最终累财亿万。因而人们议论起富豪，都要推崇陶朱公。

子赣[1]既学于仲尼，退而仕于卫，废著[2]鬻财于曹、鲁之间，七十子之徒，赐最为饶益。原宪[3]不厌糟糠[4]，匿于穷巷。子贡结驷连骑，束帛之币以聘享诸侯，所至，国君无不分庭与之抗礼[5]。夫使孔子名布扬于天下者，子

贡先后之也[6]。此所谓得埶[7]而益彰者乎？

【注释】

1 【今注】子赣：即子贡。

2 【集解】徐广曰：“《子赣传》云‘废居’。著犹居也。著读音如贮。”【索隐】著音贮。《汉书》亦作“贮”，贮犹居也。《说文》云：“贮，积也。”

【今注】废：出售；著：囤积。废著：囤积居奇，贱买贵卖也。废著，在《史记》中又作“废举”，如卷六十七《仲尼弟子列传》：“子贡好废举，与时转货赀。”又作“废居”，如《越王句践世家》：范蠡“复约要父子耕畜，废居，候时转物，逐什一之利”。可知废著、废举、废居，音近似而通假，其意一也。

3 【今注】原宪：孔子门徒，又名原思，字子思。以安于清贫著称。

4 【索隐】厌，饱也。

5 【今注】分庭抗礼：主宾分立庭院两边，相向行礼，体现地位平等。抗：相等、平等。

6 【今注】先后之：即孔子生前和去世后，子贡都为弘扬其思想做出了贡献。

7 【今注】埶：通“势”。

【译文】

子赣（即子贡，端木赐）从孔子那里完成学业之后，就返回卫国做官，他又囤积货物，在曹、鲁一带转运倒卖。孔门弟子学业优秀者七十余人，其中最富有的首推子贡。原宪（孔子弟子之一）穷得连酒糟米糠都吃不饱，隐居于陋巷。子贡则车马成群，以若干匹锦帛作为礼物去拜见和馈赠诸侯，所到之处，各国的国君无不待为上宾。孔子之所以能够名扬天下，子贡前前后后发挥了很大作用。子贡不就是前面所说的富人得势了名声地位会更加显赫的典型吗？

白圭，周人也[1]。当魏文侯时，李克[2]务尽地力，而白圭乐观时变，故人弃我取，人取我与。夫岁孰[3]取谷，予之丝漆[4]；茧出取帛絮，予之食[5]。太阴在卯[6]，穰；明岁衰恶。至午，旱；明岁美。至酉，穰；明岁衰恶。至子，大旱；明岁美，有水。至卯，积著率[7]岁倍。欲长钱，取下谷[8]；长石斗，取上种[9]。能薄饮食，忍嗜欲，节衣服，与用事僮仆同苦乐，趋时若猛兽挚鸟之发。故曰：“吾治生产[10]，犹伊尹、吕尚之谋，孙、吴用兵，商鞅行法是也。是故其智不足与权变[11]，勇不足以决断，仁不能以取予，强不能有所守，虽欲学吾术，终不告之矣。”盖天下言治生祖白圭。白圭其有所试矣，能试有所长[12]，非苟而已也。

【注释】

1【今注】周：东周首都洛阳。

2【索隐】案：《汉书·食货志》李悝为魏文侯作尽地力之教，国以富强。今此及《汉书》言"克"，皆误也。刘向《别录》则云"李悝"也。

3【今注】孰：通"熟"。

4【今注】取与、取予：都是买卖之意。

5【索隐】谓谷。

6【今注】太阴：太岁（木星）的别称。

7【正义】贮律二音。

8【今注】长钱：多赚钱。下谷：质量一般的谷物。

9【今注】长石斗：增加粮食产量。

10【今注】治生产：同治生。

11【今注】权：秤砣也。权变，通常为权宜变通之意，有时甚至有权谋诡诈之意。此处"权变"二字应分开理解：权，权衡、考量；变，情势变化。

12【今注】试：付诸实践。长：获得实效。

【译文】

白圭是周（即洛阳）人。正当魏文侯在位时，李克（即李悝）在魏国推行尽地力政策，发展农业，而白圭却善于观测和利用市场形势的变化经营商业。所以别人竞相低价抛售的货物，他就收购；别人竞相高价抢购的商品，他就售出。在谷物成熟，农民卖粮的时候，他收购粮食，出售农闲之际手工生产所需的丝、漆；在蚕茧收成时则收购缯帛和丝绵，出售农家因青黄不接而急需的粮食。白圭观察，每逢太阴运行到卯位之年，农业丰收，但翌年必定有灾荒。而太阴运行到午位之年，必遇旱灾，但翌年会有好收成。当太阴运行到酉位之年，又是丰收，但翌年又是灾荒。当太阴运行到子位之年，会遭遇大旱，但翌年收成较好，雨水偏多。把握了这样的规律，当太阴又回到卯位之年，他所囤积的粮食就比往年成倍增加。白圭认为，想要增加钱财，就经营下等的谷物；想要增加粮食的产量，就经营上等的种子。白圭能够粗茶淡饭，克制享受的欲望，没有嗜好，穿衣服也很节俭，常年与手下的奴仆同甘共苦，但他抓住时机就像饿兽猛禽扑向猎物似的迅捷果断。因此白圭说："我经营产业，就像伊尹、吕尚筹划谋略，孙武、吴起用兵作战，商鞅严行法令。所以如果一个人的智慧不能够判断时势变化，勇气不足以果敢决断，交易之中缺乏仁爱之心，不能做到严于自律坚守原则，即使想学习我的致富本领，我也终究不会教给他的。"天下做生意经营产业的人，都把白圭奉为祖师。白圭的理论是经过实践检验的，并且在实践中获得了成功，并非随随便便臆造出来的。

猗顿用盬盐起[1]。而邯郸郭纵以铁冶成业，与王者

埒[2]富。

【注释】

1【集解】《孔丛子》曰："猗顿，鲁之穷士也。耕则常饥，桑则常寒。闻朱公富，往而问术焉。朱公告之曰：'子欲速富，当畜五牸。'于是乃适西河，大畜牛羊于猗氏之南。十年之间，其息不可计，赀拟王公，驰名天下。以兴富于猗氏，故曰猗顿。"【索隐】盬，音古。案：《周礼·盐人》云"共苦盐"，杜子春以为苦读如盬。盬谓出盐直用不炼也。一说云盬盐，河东大盐；散盐，东海煮水为盐也。【正义】案：猗氏，蒲州县也。河东盐池是畦盐。作畦，若种韭一畦。天雨下，池中咸淡得均，即畎池中水上畔中，深一尺许坑，日暴之五六日则成，盐若白矾石，大小如双陆及棋，则呼为畦盐。或有花盐，缘黄河盐池有八九所，而盐州有乌池，犹出三色盐，有井盐、畦盐、花盐。其池中凿井深一二尺，去泥即到盐，掘取若至一丈，则著平石无盐矣。其色或白或青黑，名曰井盐。畦盐若河东者。花盐，池中雨下，随而大小成盐，其下方微空，上头随雨下池中，其滴高起若塔子形处曰花盐，亦曰即成盐焉。池中心有泉井，水淡，所作池人马尽汲此井。其盐四分入官，一分入百姓也。池中又凿得盐块，阔一尺余，高二尺，白色光明洞彻，年贡之也。

【今注】上面这则关于猗顿和陶朱公的资料，非常珍贵，值得重视。

2 【今注】埒（liè）：相等。

【译文】

猗顿靠经营河东池盐发家，邯郸的郭纵靠开矿冶铁致富，他们的财富都可与一国之君相比。

乌氏倮[1]畜牧，及众[2]，斥卖，求奇缯物[3]，间献遗戎王[4]。戎王什倍其偿，与之畜[5]，畜至用谷量马牛[6]。秦始皇帝令倮比[7]封君，以时与列臣朝请。而巴蜀寡妇清[8]，其先得丹穴[9]，而擅其利数世，家亦不訾[10]。清，寡妇也，能守其业，用财自卫，不见侵犯。秦皇帝以为贞妇而客之，为筑女怀清台。夫倮鄙人牧长，清穷乡寡妇，礼抗万乘，名显天下，岂非以富邪?

【注释】

1 【集解】韦昭曰:“乌氏，县名，属安定。倮，名也。”【索隐】《汉书》作“赢”。案：乌氏，县名。氏，音支。名倮，音踝也。【正义】县，古城在泾州安定县东四十里。倮，名也。

【今注】乌氏：wū zhī。倮：luǒ。

2 【索隐】谓畜牧及至众多之时。

3 【索隐】谓斥物卖之以求奇物也。

【今注】奇：罕见。缯（zēng）：丝织品统称。

4【集解】徐广曰："间，一作'奸'。不以公正谓之奸也。"【索隐】案：间献，犹私献也。

【今注】间：私自、乘隙。《索隐》所言是也。遗（wèi）：馈赠。

5【索隐】什倍其当，予之畜。谓戎王偿之牛羊十倍也。"当"字，《汉书》作"偿"也。

6【集解】韦昭曰："满谷则具不复数。"【索隐】谷音欲。

【今注】谷量：以山谷为单位计量。《集解》所言是也。若按《索隐》把谷解释为欲，则不通。

7【今注】比：相等、相当于。

8【索隐】《汉书》"巴寡妇清"。巴，寡妇之邑；清，其名也。

9【集解】徐广曰："涪陵出丹。"【正义】《括地志》云："寡妇清台山俗名贞女山，在涪州永安县东北七十里也。"

10【索隐】案：谓其多，不可訾量。【正义】音子兒反。言资财众多，不可訾量。一云清多以财饷遗四方，用卫其业，故财亦不多积聚。

【今注】訾（zī）：计量。不訾，不可计量也。

【译文】

乌氏倮（luǒ）本来是一个牧民，他在牲畜繁殖多了之后就全部卖掉，然后求购华美珍稀的高档丝织品，找机会献给西域戎王。戎王作为补偿，则用相当于原价十倍的牲畜回赠给他，这些牛羊等牲畜多得甚至数不过来，只能按多少个山谷来计算。秦始皇令乌氏倮享受列侯封君的待遇，可以按时同贵族朝臣一起进宫谒见皇帝。巴郡有个寡妇名字叫清，她的祖先发现了朱砂矿，一连几代独擅其利，家财也多得无法计量。清，不过是一位寡妇，能够守住祖先留下的产业，靠财产来保护自己，不受人欺侮侵犯。秦始皇认为她是个有节操的贞妇而尊敬她，以客礼相待，并为她修筑了一座女怀清台以示表彰。乌氏倮只是西域边地的牧民首领，清则是穷乡僻壤的寡妇，却受到天子的礼遇，名扬天下，不都是因为财富超群吗？

汉兴，海内为一[1]，开关梁[2]，弛山泽之禁[3]，是以富商大贾周流天下，交易之物莫不通，得其所欲[4]，而徙豪杰诸侯强族于京师。

【注释】

1 【今注】兴：兴起、立国。一：统一。

2 【今注】关梁：关口、检查站。

3 【今注】山泽之禁：国家禁止私人从事山林川泽资源开发的法令。

4 【今注】得其所欲：可以随心所欲。

【译文】

大汉兴起，四海之内归于统一，开放关隘渡口，不再设卡盘查收费，放宽了禁止民间开发山泽资源的法令，因此富商大贾得以周游天下，各种商品可以随意流通，供需双方都能得到满足。朝廷还命令各地的前朝贵族后裔、豪强大族以及富商大贾等迁居京师长安。

关中自汧[1]、雍以东至河、华，膏壤沃野千里，自虞、夏之贡以为上田。而公刘适邠，大王、王季在岐，文王作丰，武王治镐，故其民犹有先王之遗风，好稼穑，殖五谷，地重[2]，重为邪[3]。及秦文、德、缪居雍，隙[4]陇、蜀之货物而多贾[5]。献公徙栎邑[6]。栎邑北郤戎翟[7]，东通三晋，亦多大贾。孝、昭治咸阳，因以汉都，长安诸陵，四方辐辏并至而会，地小人众，故其民益玩巧而事末也。南则巴蜀。巴蜀亦沃野，地饶卮[8]、姜、丹沙、石、铜、铁[9]、竹、木之器。南御滇僰[10]，僰僮。西近邛笮，笮马、旄牛。然四塞，栈道千里，无所不通。唯褒斜绾毂[11]其口，以所多易所鲜[12]。天水、陇西、北地、上郡与关中同俗，然西有羌中之利，北有戎翟之畜，畜牧为天下饶。然地亦穷险，唯京师要其道[13]。故关中之地，于天下三分之一，而人众不过什三，然量其富，什居其六。

【注释】

1 【今注】汧：qiān。

2 【索隐】言重耕稼也。

3 【索隐】重音逐陇反。重者，难也。畏言不敢为奸邪。【正义】重并逐拱反。言关中地重厚，民亦重难不为邪恶。

4 【集解】徐广曰："隙者，间孔也。地居陇蜀之间要路，故曰隙。"【索隐】徐氏云隙，间孔也。隙者，陇雍之间闲隙之地，故云"雍隙"也。【正义】雍，县。岐州雍县也。

5 【索隐】音古。

6 【集解】徐广曰："在冯翊。"【索隐】上音药，即栎阳。

【今注】栎：yuè。

7 【今注】郤（xì）：通隙。翟（dí）：通狄。郤翟戎：位于狄、戎等游牧民族中间。

8 【集解】徐广曰："音支。烟支也，紫赤色也。"

9 【集解】徐广曰："邛都出铜，临邛出铁。"

10【今注】僰：bó。

11【集解】徐广曰："在汉中。"【索隐】言褒斜道狭，绾其道口，有若车毂之凑，故云"绾毂"也。

【今注】绾（wǎn）：联结。毂（gǔ）：车轮中间穿插车轴处。绾毂，控扼路口。

12 【索隐】易音亦。鲜音尟。言以所多易其所少。

13 【正义】要音腰。言要束其路也。

【译文】

关中地区自汧、雍两地以东，一直到黄河、华山，膏壤腴土，沃野千里，从虞舜、夏朝实行贡赋制度以来，这里就被列为上等土地。后来公刘率领周人到邠地开荒安居，大王、王季又迁居岐山，周文王修筑丰邑，周武王兴建镐京，所以当地的百姓长期保留着先王的遗风，擅长农耕，善植五谷，秉性稳重厚道，不轻易做违法的事。等到秦文公、秦德公、秦缪公定都雍，因为这里正好处于关陇和巴蜀交界之地，是货物周转的集散地，所以产生了不少商人。秦献公迁都于栎，因为这里北临戎、狄等游牧民族，东通三晋，所以大商人也很多。秦孝公、秦昭襄王兴建新都咸阳，汉朝也定都于此，长安一带皇族陵墓集中，各地富豪、物资也都辐辏汇聚而来，地狭人众，因此当地百姓愈益崇尚玩巧弄智、热衷从事工商业了。关中南通巴蜀，巴蜀之地也是沃野千里，盛产卮草、姜、朱砂以及石、铜、铁、竹、木等器具。巴蜀向南，就是滇、僰（bó）地区，僰盛产奴隶。巴蜀的西面靠近邛、笮（zuó）地区，盛产笮马、牦牛。不过巴蜀地区四面环山，交通不便，只能通过千里栈道连接四面八方，汉中的褒斜是出入巴蜀的命脉要道，通过这里可以用巴蜀本地富余物品换来匮乏之物。

天水、陇西、北地、上郡等地与关中的风俗大体相同，不同的是由于西面有羌族的特产，北面有戎、狄的畜牧，所以畜牧资源是天下最富饶的。虽然这里自然条件贫瘠险恶，但也处于首都长安通往西北的要道之上。所以关中地区虽然仅占全国土地的三分之一，人口不过十分之三，但是估量其占有的财富却达到全国的十分之六。

昔唐人都河东[1]，殷人都河内[2]，周人都河南[3]。夫三河在天下之中，若鼎足，王者所更居也，建国各数百千岁，土地小狭，民人众，都国诸侯所聚会，故其俗纤俭习事。杨、平阳陈[4]西贾秦、翟[5]，北贾种、代[6]。种、代，石北也[7]，地边胡，数被寇。人民矜懻忮[8]，好气，任侠为奸，不事农商。然迫近北夷，师旅亟往，中国委输时有奇羡[9]。其民羯羠不均[10]，自全晋之时固已患其僄悍，而武灵王益厉之，其谣俗犹有赵之风也。故杨、平阳陈掾其间[11]，得所欲。温、轵[12]西贾上党[13]，北贾赵、中山[14]。中山地薄人众，犹有沙丘纣淫地余民[15]，民俗懁急[16]，仰机利而食。丈夫相聚游戏，悲歌慷慨，起则相随椎剽[17]，休则掘冢作巧奸冶[18]，多美物[19]，为倡优。女子则鼓鸣瑟，跕屣[20]，游媚贵富，入后宫，遍诸侯。

【注释】

1 【集解】徐广曰：“尧都晋阳也。”

【今注】唐：陶唐氏。河东：今山西省境内的黄河以东地区。

2 【正义】盘庚都殷墟，地属河内也。

【今注】殷人：殷商。河内：今河南省境内的黄河以北地区。

3 【正义】周自平王已下都洛阳。

4 【索隐】杨、平阳，二邑名，在赵之西。“陈”盖衍字。以下有“杨平阳陈掾”，此因衍也。言二邑之人皆西贾于秦、翟，北贾于种、代。种、代在石邑之北也。

5 【正义】贾音古。秦，关内也。翟，隰、石等州部落稽也。延、绥、银三州皆白翟所居。

【今注】贾（gǔ）：贸易通商。

6 【正义】上之勇反。种在恒州石邑县北，盖蔚州也。代，今代州。

7 【集解】徐广曰：“石邑县也，在常山。”

8 【集解】晋灼曰：“懻音慨。忮音坚忮。”瓒曰：“懻音慨。今北土名强直为‘懻中’也。”【索隐】上音冀，下音置。

【今注】懻（jì）忮（zhì）：强直刚愎。

9 【索隐】上音羁，下音羊战反。奇羡谓奇有余衍也。

【今注】奇（jī）羡：剩余物资。

10【集解】徐广曰:“羠音兕,一音囚几反,皆健羊名。”【索隐】羯音已纥反。羠音慈纪反。徐广云:羠音兕,皆健羊也。其方人性若羊,健捍而不均。

【今注】羯(jié)羠(yí):强悍也。

11【索隐】掾音逐缘反。陈掾犹经营驰逐也。

【今注】陈掾(yuàn):经营也。

12【索隐】二县名,属河内。

【今注】轵:zhǐ。

13【正义】泽、潞等州也。

14【正义】洛州及定州。

15【集解】晋灼曰:“言地薄人众,犹复有沙丘纣淫地余民,通系之于淫风而言也。”【正义】沙丘在邢州也。

16【集解】徐广曰:“懁,急也,音绢。一作‘儇’,一作‘惠’也。音翾也。”【索隐】懁音绢。儇音翾。

【今注】懁(xuān):性情急躁。

17【索隐】椎,即追反。椎杀人而剽掠之。

18【集解】徐广曰:“一作‘蛊’。”

19【集解】徐广曰:“美,一作‘弄’,一作‘椎’。”

20【集解】徐广曰:“跕音帖。”张晏曰:“跕,屣也。”瓒曰:“蹑跟为跕也。”【索隐】上音帖,下所绮反。

【今注】跕(tiē):抬起脚后跟,用脚尖行走。屣(xǐ):鞋。

【译文】

从前唐尧建都河东，殷商人建都河内，周人建都河南。这三河之地，位于天下中心，如同三足鼎立，所以王室轮番定都于此，立国有的数百年，有的上千年。这里空间狭小，居民众多，都邑密布，诸侯会聚，所以这一带民俗节俭，善于算计，熟悉世故。杨、平阳向西可以与秦、狄通商，向北可以与种、代贸易。种、代地处石邑以北，毗邻匈奴，经常遭到剽掠。所以当地居民崇尚强悍凶猛，喜欢意气用事，行侠仗义，触犯法禁，却不肯从事农业工商。但因为这里靠近匈奴，经常有军队前往驻扎，从中原运输货物到这里销售有时也能获得不错的收益。当地民风执拗强悍，桀骜不驯，早在晋国的时候统治者就因其难以治理而感到头疼，到了战国赵武灵王时，更加激发了当地人的尚武精神，所以那里迄今仍有赵国遗风。杨和平阳等地的商人往来其间做生意，常可随心如愿。温、轵（zhǐ）两地向西可以与上党贸易，向北可以与赵、中山通商。中山这个地方土地瘠薄，人口众多，沙丘一带还聚居着商纣王肆意妄为的后裔，民风急躁，靠着智巧谋生。这里的男人经常凑到一起游戏玩耍，要么扯着脖子引吭高歌，要么吹胡子瞪眼地侃大山，白天则常常成群结伙杀人劫财，夜晚则挖坟盗墓，制作奇巧，私铸铜钱，所以当地有很多精美物品，也有不少戏子倡优。这里的女子则鼓琴弄瑟，踮起脚拖着鞋，招摇于各地，献媚于贵族富豪，所以不少人被招进后宫成为嫔妃，遍及所有诸侯国。

然邯郸亦漳、河之间[1]一都会也。北通燕、涿[2]，南有郑、卫[3]。郑、卫俗与赵相类，然近梁、鲁[4]，微重而矜节[5]。濮上之邑徙野王[6]，野王好气任侠，卫国之风也。

【注释】

1 【正义】洺水本名漳水，邯郸在其地。

【今注】漳：漳河。河：黄河。

2 【今注】燕：今北京一带。涿：今河北涿州一带。

3 【今注】郑：今河南新郑一带。卫：今河南濮阳一带。

4 【今注】梁：今河南开封一带。鲁：今山东曲阜一带。

5 【集解】徐广曰："矜，一作'务'。"

【今注】矜节：爱惜名节。

6 【集解】徐广曰："卫君角徙野王。"【正义】秦拔卫濮阳，徙其君于怀州野王。

【今注】濮上之邑：卫国都城濮阳。野王：今河南沁阳一带。

【译文】

不过邯郸也是漳河、黄河之间的一大都会。北通燕、涿，南连郑、卫。郑、卫两地的风俗与赵相差不多，只是因为靠近梁、鲁等地，民风稍微稳重且崇尚气节。后来卫国的都城从濮阳迁到野王，野王的居民争强好胜又好打抱不平，这正是卫国的遗风。

夫燕亦勃、碣之间[1]一都会也，南通齐、赵，东北边胡。上谷至辽东[2]，地踔远[3]，人民希[4]，数被寇，大与赵、代俗相类，而民雕捍[5]少虑，有鱼、盐、枣、栗之饶。北邻乌桓[6]、夫余[7]，东绾秽貉[8]、朝鲜、真番之利[9]。

【注释】

1 【正义】勃海、碣石在西北。

【今注】勃：渤海。碣：碣石，今河北昌黎北。

2 【今注】上谷：今河北张家口、北京延庆一带。辽东：今辽宁辽阳一带。

3 【索隐】刘氏上音卓，一音敕教反，亦远腾皃也。

【今注】踔（chuō）远：遥远。

4 【今注】希：稀少。

5 【索隐】人雕悍。言如雕性之捷捍也。

【今注】雕捍：迅捷凶猛。

6 【索隐】邻，一作“临”。临者，亦却背之义。他并类此也。

【今注】乌桓：大致为今内蒙古东部一带。

7 【今注】夫余：又作扶余，大致今吉林、黑龙江一带。

8 【索隐】东绾秽貉。案：绾者，绾统其要津；则上云“临”者，谓却背之。

【今注】秽貉（mò）：又作秽貊，古代生活在东北地区的少数民族。

9 【正义】番音潘。

【今注】真番（pān）：汉代郡名，今朝鲜黄海北道一带。

【译文】

燕则是渤海与碣石之间的一大都会，南通齐、赵，东北面与匈奴接壤。从上谷至辽东，地域辽阔、人烟稀少，多次遭到匈奴侵扰劫掠，所以民风与赵、代大体相似，人们凶猛强悍，头脑比较简单，多勇而少谋。当地盛产鱼、盐、枣、栗。这一地区北边与乌桓、夫余毗邻，又是与东边的秽貊、朝鲜、真番贸易的必经之地。

洛阳东贾齐、鲁，南贾梁、楚。故泰山之阳则鲁，其阴则齐。[1]

【注释】

1 【今注】阳：南边。阴：北边。

【译文】

洛阳向东与齐、鲁通商，向南与梁、楚贸易。泰山的南面是鲁，北面是齐。

齐带山海[1]，膏壤千里，宜桑麻，人民多文彩[2]布帛鱼盐。临菑亦海岱[3]之间一都会也。其俗宽缓阔达，而足智，好议论，地重，难动摇，怯于众斗，勇于持刺[4]，故多劫人者，大国之风也。其中具五民[5]。

【注释】

1 【集解】徐广曰："《齐世家》曰：'齐自泰山属之琅邪，北被于海，膏壤二千里，其民阔达多匿智。'"

【今注】带：连接。

2 【今注】文彩：色彩绚丽的刺绣。

3 【今注】海：渤海。岱：泰山。

4 【今注】刺：刺刀。

5 【集解】服虔曰："士、农、商、工、贾也。"如淳曰："游子乐其俗不复归，故有五方之民。"

【今注】五种职业之人，各地皆有，不独齐也。应理解为四面八方的五民：人来到齐国之后，流连忘返，乐不思蜀。服虔所言是也。

【译文】

齐襟连泰山与东海，膏壤沃土，方圆千里，适宜种植桑麻，人民多从事刺绣、布帛、鱼盐的生产。临淄则是泰山与渤海之间的一大都会，当地居民心胸宽阔、从容豁达、足智多谋，好高谈阔论，秉性稳重，难以轻易改变主意，虽然不敢聚众斗殴，但是勇于怀揣利刃单枪匹马地行刺，所以杀人劫财者不少，这是大国风尚啊。临淄城中各色人等都有。

而邹、鲁滨洙、泗[1]，犹有周公遗风[2]，俗好儒，备于礼，故其民龊龊[3]，颇有桑麻之业，无林泽之饶。地小人众，俭啬[4]，畏罪远邪。及其衰，好贾趋利，甚于周人[5]。

【注释】

1 【今注】邹：今山东济宁一带。洙、泗：皆河流名。

2 【今注】周公：姓姬，名旦，周武王弟。制定周朝礼乐制度。其子伯禽封于鲁国。故鲁国得周朝礼乐制度真传。

3 【索隐】龊音侧角反，又音侧断反。

【今注】龊（chuò）龊：行为拘谨、注重细节。

4 【今注】俭啬：俭朴吝啬。

5 【今注】周人：洛阳人。

【译文】

邹、鲁位于洙水、泗水之滨，迄今仍保留着周公时代的遗风，民俗崇尚儒学，礼仪制度完备，所以人们处事比较拘谨。虽然桑麻之业颇为发达，但是缺乏山林川泽等资源。地狭人多，民风俭朴吝啬，害怕犯罪，远离邪恶。等到鲁国衰落以后，当地人经商谋利的劲头，比起洛阳一带的周人来，有过之而无不及。

夫自鸿沟以东[1]，芒、砀以北[2]，属巨野[3]，此梁、宋也。[4]陶、[5]睢阳[6]亦一都会也。昔尧作游成阳[7]、舜渔于雷泽[8]、汤止于亳[9]。其俗犹有先王遗风，重厚多君子，好稼穑，虽无山川之饶，能恶衣食，致其蓄藏。

【注释】

1 【集解】徐广曰："在荥阳。"

【今注】鸿沟：古运河名，故道大部循贾鲁河。自荥阳北引黄河水，曲折向东至淮阳入颍水。刘邦、项羽对峙于荥阳时，以鸿沟为界，即此。

2 【集解】徐广曰："今为临淮。"

【今注】芒、砀：芒山、砀山。

3 【正义】郓州巨野县有巨野泽也。

【今注】巨野：巨野泽，古代湖泊，今山东巨野一带。

4 【集解】徐广曰："今之浚仪。"【正义】鸿沟以东，芒、砀以北至巨野，梁、宋二国之地。

5 【集解】徐广曰："今之定陶。"【正义】今曹州。

6 【正义】今宋州宋城也。

7 【集解】如淳曰："作，起也。成阳在定陶。"

8 【集解】徐广曰："在成阳。"【正义】泽在雷泽县西北也。

9 【集解】徐广曰："今梁国薄县。"【正义】宋州谷熟县西南四十五里南亳州故城是也。

【译文】

自鸿沟以东，到芒、砀以北，属于巨野，这里是梁国、宋国的故地。陶、睢阳是这一带的两大都市。过去尧兴起于成阳、舜捕鱼于雷泽、商汤居住于亳等故事，都是发生在这一地区。当地民俗仍有先王之遗风，稳重厚道多君子，擅长农业。所以虽然没有山川资源，但百姓节衣缩食，也能有所积蓄。

越、楚则有三俗[1]。夫自淮北沛、陈、汝南、南郡，此西楚也[2]。其俗剽轻[3]，易发怒，地薄，寡于积聚。江陵故郢都[4]，西通巫、巴[5]，东有云梦之饶[6]。陈在楚、夏之交[7]，通鱼盐之货，其民多贾。徐、僮、取虑[8]，则

清刻[9]，矜己诺[10]。

【注释】

1【正义】越灭吴则有江淮以北，楚灭越兼有吴越之地，故言“越楚”也。

【今注】三俗：言西楚、东楚、南楚，风俗不同。

2【正义】沛，徐州沛县也。陈，今陈州也。汝，汝州也。南郡，今荆州也。言从沛郡西至荆州，并西楚也。

3【今注】剽轻：彪悍轻捷。

4【正义】荆州江陵县故为郢，楚之都。

【今注】郢：yǐng。

5【正义】巫郡、巴郡在江陵之西也。

6【集解】徐广曰：“在华容。”

7【正义】夏都阳城。言陈南则楚，西及北则夏，故云“楚夏之交”。

【今注】夏：传说中的夏朝故地，中心在今河南夏县一带。

8【集解】徐广曰：“皆在下邳。”【正义】取音秋，虑音闾。徐即徐城，故徐国也。僮、取虑二县并在下邳，今泗州。

9【今注】清刻：清高、苛刻。

10【正义】上音纪。

【今注】矜己诺：不轻易许诺。

【译文】

越、楚地区有好几种不同的风俗。淮河以北的沛、陈、汝南、南郡等地，属于西楚。当地民俗强悍轻率，容易发怒，秉性刻薄，居民少有积蓄。江陵就是过去的郢都，西通巫郡、巴郡，东有富饶的云梦泽。陈在楚、夏交界之处，有鱼盐等物资流通之便，当地百姓经商者很多。徐、僮、取虑等地的人，清高刻薄，但信守诺言。

彭城以东，东海、吴、广陵，此东楚也[1]。其俗类徐、僮。朐、缯以北，俗则齐[2]。浙江南则越[3]。夫吴自从阖庐、春申、王濞[4]三人招致天下之喜游子弟，东有海盐之饶、章山之铜，三江、五湖之利，亦江东一都会也。

【注释】

1【正义】彭城，徐州治县也。东海，郡，今海州也。吴，苏州也。广陵，杨州也。言从徐州彭城历杨州至苏州，并东楚之地。

【今注】广陵：今扬州。【正义】作“杨州”，原文照录。

2【正义】朐，其俱反，县在海州。故缯县在沂州之承县。言二县之北，风俗同于齐。

3【今注】浙江：即钱塘江。

4【今注】阖庐：又作阖闾，吴王。春申：即春申君，楚国贵族，被封于吴。王濞：即刘濞，刘邦侄，西汉建立后被封为吴王，汉景帝时发动吴楚七国之乱，兵败被杀。

【译文】

彭城以东的东海、吴、广陵等地，属于东楚。其风俗与徐、僮等地相仿。朐、缯以北，风俗则与齐相同。浙江以南是越国故地。吴这个地方自从吴王阖闾、春申君和汉朝的吴王刘濞先后广招天下喜欢云游的人士前来开发，凭借东边的海盐资源、章山的铜矿、三江五湖的富饶，也成为江东的一大都会。

衡山[1]、九江[2]、江南[3]、豫章[4]、长沙[5]，是南楚也，其俗大类西楚。郢之后徙寿春[6]，亦一都会也。而合肥受南北潮[7]，皮革、鲍、木输会也。与闽中、干越[8]杂俗，故南楚好辞，巧说少信。江南卑湿[9]，丈夫早夭，多竹木。豫章出黄金[10]，长沙出连、锡，然堇堇[11]物之所有，取之不足以更费[12]。九疑[13]、苍梧以南至儋耳者[14]，与江南大同俗，而杨越多焉。番禺[15]亦其一都会也，珠玑、犀、玳瑁、果、布之凑[16]。

【注释】

1 【集解】徐广曰："都邾。邾，县，属江夏。"

2 【正义】九江，郡，都阴陵。阴陵故城在濠州定远县西六十五里。

3【集解】徐广曰："高帝所置。江南者，丹阳也，秦置为鄣郡，武帝改名丹阳。"【正义】案：徐说非。秦置鄣郡在湖州长城县西南八十里，鄣郡故城是也。汉改为丹阳郡，徙郡宛陵，今宣州地也。上言吴有章山之铜，明是东楚之地。此言大江之南豫章长沙二郡，南楚之地耳。徐、裴以为江南丹阳郡属南楚，误之甚矣。

4【正义】今洪州也。

5【正义】今潭州也。《十三州志》云："有万里沙祠，而西自湘州至东莱万里，故曰长沙也。"淮南衡山、九江二郡及江南豫章、长沙二郡，并为楚也。

6【正义】楚考烈王二十二年，自陈徙都寿春，号之曰郢，故言"郢之后徙寿春"也。

7【集解】徐广曰："在临淮。"【正义】合肥，县，庐州治也。言江淮之潮，南北俱至庐州也。

8【今注】干：嘉业堂刻本作"于"。当是。

9【今注】卑湿：地势低洼潮湿。

10【集解】徐广曰："鄱阳有之。"【正义】《括地志》云："江州浔阳县有黄金山，山出金。"

11【正义】音谨。

【今注】堇堇：仅仅。

12【集解】应劭曰："堇，少也。更，偿也。言金少少耳，取之不足用顾费用也。”

13 【集解】徐广曰：“山在营道县南。”

14 【正义】今儋州在海中。广州南去京七千余里。言岭南至儋耳之地，与江南大同俗，而杨州之南，越民多焉。

15 【正义】潘虞二音，今广州。

16 【集解】韦昭曰：“果谓龙眼、离支之属。布，葛布。”

【译文】

衡山、九江、江南、豫章、长沙等地，属于南楚，其风俗大致与西楚相似。楚国后来从郢都迁到寿春，寿春也成为一大都会。合肥与南北的长江、淮河通航，是皮革、鲍鱼、木材等物资交会的集散地。由于南楚混杂着闽中、吴越多种习俗，所以南楚人好卖弄口舌、花言巧语，很少讲实话。江南地区低洼潮湿，男子往往短命。盛产竹子、木材。豫章出产黄金，长沙出产铅、锡，但是储量很少，开发的收益抵不上费用。九嶷山、苍梧以南直至儋耳，风俗与江南大体相同，杨越人很多。番禺也是这个地方的一个都市，是珍珠、犀角、玳瑁、水果、布料等商品的汇聚之地。

颍川、南阳，夏人之居也[1]。夏人政尚忠朴，犹有先王之遗风。颍川敦愿[2]。秦末世，迁不轨之民于南阳。南阳西通武关、郧关[3]，东南受汉、江、淮。宛亦一都会也。

俗杂，好事业，多贾。其任侠，交通颍川，故至今谓之“夏人”。

【注释】

1【集解】徐广曰：“禹居阳翟。”【正义】禹居阳城。颍川、南阳皆夏地也。

2【今注】颍川：河南禹县一带。敦：诚朴。愿：谨慎。

3【集解】徐广曰：“案汉中。一作‘郧’字。”【索隐】郧音云。【正义】武关在商州。《地理志》云“宛西通武关”，而无郧关，盖“郧”当为“徇”。徇水上有关，在金州洵阳县。徐案汉中，是也。徇，亦作“郇”，与郧相似也。

【译文】

颍川、南阳是夏朝后裔的聚居之地。夏朝为政崇尚忠诚朴实，所以这一带的人至今仍保留着先王遗风。颍川人敦厚朴实。秦朝末年，把外地的一些不法之徒迁移到了南阳。南阳西通武关、郧关，东南面向汉水、长江、淮河。宛也是一个都市。当地民俗杂而好事，经商者很多，一些好行侠仗义的人，经常与颍川人来往，所以至今还被称为“夏人”。

夫天下物所鲜[1]所多，人民谣俗，山东食海盐，山西食盐卤[2]，领南、沙北[3]固往往出盐，大体如此矣。

【注释】

1 【今注】鲜：少也。

2 【正义】谓西方咸地也。坚且咸，即出石盐及池盐。

【今注】山东、山西：古代常以崤山、华山为界，以东谓之山东、以西谓之山西。

3 【正义】谓池、汉之北也。

【今注】沙北：北方沙漠地区。

【译文】

天下的物产有少有多，因而居民的习俗也各不相同，山东一带吃海盐，山西一带吃池盐，岭南、漠北等地原本也往往有地方出产盐，情况大体如此。

总之，楚越之地，地广人希，饭稻羹鱼，或火耕而水耨[1]，果隋[2]蠃蛤[3]，不待贾而足[4]，地埶[5]饶食，无饥馑之患，以故呰窳[6]偷生，无积聚[7]而多贫。是故江淮以南，无冻饿之人，亦无千金之家。沂、泗水以北，宜五谷桑麻六畜，地小人众，数被水旱之害，民好畜藏。故秦、夏、梁、鲁好农而重民[8]。三河、宛、陈亦然，加以商贾。齐、赵设智巧，仰机利[9]。燕、代田畜而事蚕。

【注释】

1 【集解】徐广曰："乃遘反。除草也。"【正义】言风草下种，苗生大而草生小，以水灌之，则草死而苗无损也。耨，除草也。

【今注】火耕水耨（nòu）：放火烧草以开荒、种稻灌水以除草。是一种比较原始的农业生产方式。

2 【集解】徐广曰："《地理志》作'蓏'。"【索隐】下音徒火反。注蓏音郎果反。【正义】隋，今为"種"，音同。上古少字也。蠃，力和反。果種犹種叠包裹也。今楚越之俗尚有"裹種"之语。楚越水乡，足螺鱼鳖，民多采捕积聚，種叠包裹，煮而食之。班固不晓"裹種"之方言，修《太史公书》述《地志》，乃改云"果蓏蠃蛤"，非太史公意，班氏失之也。

【今注】蓏（luǒ）：瓜类植物的果实。

4 【今注】蠃（luǒ）：通螺，如田螺等，亦指蚌类。蛤：蛤蜊。

4 【正义】贾音古。言楚越地势饶食，不用他贾而自足，无饥馑之患。

5 【今注】埶：通"势"。

6 【集解】徐广曰："音紫。呰窳，苟且堕懒之谓也。"骃案：应劭云："呰，弱也"。晋灼曰："窳，病也。"【索隐】上音紫，下音庾。苟且懒惰之谓。应劭云："呰，弱也。"

晋灼曰："窳，病也。"【正义】案：食螺蛤等物，故多羸弱而足病也。《淮南子》云"古者民食蠃蛖之肉，多疹毒之患"也。

【今注】呰（zǐ）窳（yú）：苟且，懒惰。

7 【正义】音江淮以南有水族，民多食物，朝夕取给以偷生而已。不为积聚，乃多贫也。

8 【今注】重民：重视人口增加。

9 【今注】机利：机织之利，凡指手工业。

【译文】

总之，楚越之地，地广人稀，居民以稻米、鱼羹为食物，有的地方刀耕火种，用灌水的办法耨田，去除杂草。瓜果、螺蚌等物到处都有出产，不需要依靠贸易就能自给自足，地理条件决定那里食物富饶，不必担心发生饥荒，正因为如此，人们都得过且过、懒惰偷生，没有积蓄，大多数比较贫困。所以，江、淮以南，虽无冻馁之人，但也无千金之家。沂河、泗水之北，适宜桑麻、五谷、六畜，空间小、人口多，经常遭遇旱涝灾害，百姓喜欢积攒储藏。所以秦、夏、梁、鲁等地崇尚农耕，重视人口增加。三河、宛、陈等地也是这样，但同时还重视商业。齐、赵地区的人舞巧弄智，特别倚重手工业。燕、代地区的人种田、畜牧又养蚕。

由此观之，贤人深谋于廊庙，论议朝廷，守信死节隐居岩穴之士设为名高者安归乎[1]？归于富厚也。是以廉吏久，久更富，廉贾归富[2]。富者，人之情性，所不学而俱欲者也。故壮士在军，攻城先登，陷阵却敌，斩将搴旗[3]，前蒙矢石，不避汤火之难者，为重赏使也。其在闾巷少年，攻剽椎埋[4]，劫人作奸，掘冢铸币，任侠并兼，借交报仇，篡逐幽隐，不避法禁，走死地如骛者[5]，其实皆为财用耳。今夫赵女郑姬，设形容[6]，揳鸣琴[7]，揄长袂，蹑利屣[8]，目挑心招[9]，出不远千里，不择老少者，奔富厚也。游闲公子，饰冠剑，连车骑，亦为富贵容也。弋射渔猎，犯晨夜，冒霜雪，驰阬谷[10]，不避猛兽之害，为得味也。博戏驰逐，斗鸡走狗，作色相矜，必争胜者，重失负也。医方诸食技术之人，焦神极能，为重糈也[11]。吏士舞文弄法，刻章伪书，不避刀锯之诛者，没于赂遗也。农工商贾畜长，固求富益货也。此有知尽能索耳，终不余力而让财矣。

【注释】

1 【今注】归：归宿、趋向。

2 【集解】骃案：归者，取利而不停货也。

【今注】廉贾：薄利多销的商人。归：归于。

3 【今注】搴（qiān）旗：拔旗。

4【今注】椎（chuí）埋：《史记》卷一二二《酷吏列传》："王温舒者，阳陵人也，少时椎埋为奸。"【集解】徐广曰："椎杀人而埋之。或谓发冢。"《辞源》因袭此说，解释为杀人埋尸，一说盗掘坟墓。

5【集解】徐广曰："骛，一作'流'。"

【今注】骛（wù）：马匹纷乱驰逐。

6【今注】设形容：装扮出漂亮的外形和容貌。

7【今注】揳（xiē）：通"携"，携带。

8【集解】徐广曰："揄，音臾。蹑，一作'跕'。跕音吐协反。屣音山耳反，舞屣也。"

【今注】揄（yú）：牵引、提起。袂（mèi）：袖子。蹑，踏着。利屣（xǐ）：尖头舞鞋。

9【正义】挑音田鸟反。

【今注】挑：挑逗、勾引。

10【今注】阬：坑也。

11【今注】糈（xǔ）：粮食，此处泛指收入。

【译文】

由此看来，无论是那些在朝廷上处心积虑地建言献策、议论国家大事的贤能之士，还是那些恪守信义、为节操而献身的隐居山中的自命清高之人，他们的目的究竟是什么呢？都是为了财富优厚啊！这是因为廉洁的官吏才能久居官位，在位时间长了，自然就富裕了，这个道理就如同不过分追求暴利的商人，最终反而能获得更大财富一样。渴慕富有，是人的本性，是不需要学习就人人都有的天生欲望。因此壮士们从军作战，攻城时冒险先登，野战时冲入敌阵，迫使敌军退却，斩杀敌人的将领，拔除敌人的军旗，冒着飞箭滚石，赴汤蹈火、不避危难，是受了重金悬赏的驱使啊。乡里市井的不法少年，斗殴剽掠，杀人埋尸，抢劫财物，掘坟盗墓，私铸钱币，以行侠为名恃强凌弱，兼并他人的土地财产，替朋友报复私仇，然后逃到偏远的地方躲藏起来，这样的不顾法律禁令，像快马狂奔一样飞速扑向死亡的深渊，其实也都是为了财利罢了。现在赵、郑等地的年轻女郎，腰肢款款、浓艳妆，素手抚琴歌绕梁，舞鞋尖尖赛芭蕾，振臂水袖轻轻飏，挤眉弄眼挑逗，费尽心机招诱，外出献艺，不远千里，伺候客人，不拘老幼，何事使之如此？唯有赚钱念头！那些游手好闲的公子哥儿，头戴华丽的冠帽，腰佩名贵的宝剑，随从的车马成群结队，前呼后拥，也只不过是为了摆阔炫富。那些钓鱼射猎的人，起早贪黑，顶霜冒雪，蹲守于深坑，驰骋在幽谷，不避猛兽的伤害，为的是得到用来换钱的野味。那些赌棋赛戏、斗鸡走狗的人，突然之间翻脸争吵，自相夸耀，非胜不可，无非极端害怕输钱而已！医生、方士等各种靠技艺为生的人，之所以费尽心机，施展绝活，是为了多混碗饭吃。衙门里的官吏舞文弄墨，玩弄法律，私刻公章，伪造文书，不怕遭受刀砍锯割的严刑惩罚，还不是因为收受贿赂、财迷心窍吗？而从事农、工、商、畜牧等业的人，本来就以追求资财、增殖金钱为目的。这说明人只要活着就会尽一切力量去求取财富，始终不会留有余力而把发财机会让给别人的。

谚曰："百里不贩樵，千里不贩籴[1]。"居之一岁，种之以谷；十岁，树之以木；百岁，来之以德[2]。德者，人物[3]之谓也。今有无秩禄[4]之奉，爵邑[5]之入，而乐与之比者[6]，命曰"素封"[7]。封者食租税，岁率[8]户二百。千户之君[9]则二十万，朝觐聘享[10]出其中。庶民农工商贾，率亦岁万[11]息二千，百万之家则二十万，而更徭租赋[12]出其中。衣食之欲，恣所好美矣。故曰陆地牧马二百蹄[13]，牛蹄角千[14]，千足羊，泽中千足彘[15]，水居千石鱼陂[16]，山居千章之材[17]。安邑千树枣；燕、秦千树栗；蜀、汉、江陵千树橘；淮北、常山已南，河济之间千树萩；陈、夏千亩漆；齐、鲁千亩桑麻；渭川千亩竹；及名国万家之城，带郭千亩亩钟之田[18]，若千亩卮茜[19]，千畦姜韭：[20]此其人皆与千户侯等。然是富给之资也，不窥市井，不行异邑，坐而待收，身有处士之义而取给焉。若至家贫亲老，妻子软弱，岁时无以祭祀进醵[21]，饮食被服不足以自通，如此不惭耻，则无所比矣。是以无财作力，少有斗智[22]，既饶争时[23]，此其大经也[24]。今治生不待危身取给，则贤人勉焉。是故本富为上，末富次之，奸富最下[25]。无岩处奇士之行，而长贫贱，好语仁义，亦足羞也。

【注释】

1 【今注】樵：木柴。籴（dí）：粮食。

2 【今注】来：招徕。来之：聚集和团结人民。

3 【今注】人物：人才和物资。

4 【今注】秩禄：官员的级别和俸禄。

5 【今注】爵邑：爵位和封邑。

6 【今注】比：相等。

7 【索隐】谓无爵邑之人，禄秩之俸，则曰“素封”。素，空也。【正义】言不仕之人自有园田收养之给，其利比于封君，故曰“素封”也。

【今注】素封：没有俸禄或爵邑收入，但经济实力并不亚于官员贵族的人。

8 【正义】音律。

【今注】率：收益率。

9 【索隐】千户之邑，户率二百，故千户二十万。

10【今注】朝觐（jìn）：朝见天子。聘享：诸侯之间的来往。

11【索隐】息二千，故百万之家亦二十万。

12【今注】更：轮换。徭：徭役。租赋：租税。

13【集解】《汉书音义》曰："五十四。"【索隐】案：马有四足，二百蹄有五十四也。《汉书》则云"马蹄噭千"，所记各异。

14【集解】《汉书音义》曰："百六十七头也。马贵而牛贱，以此为率。"【索隐】牛足角千。案：马贵而牛贱，以此为率，则牛有百六十六头有奇也。

15【集解】韦昭曰："二百五十头。"【索隐】韦昭云："二百五十头。"

16【集解】徐广曰："鱼以斤两为计也。"【索隐】陂音诐。《汉书》作"皮"，音披。【正义】言陂泽养鱼，一岁收得千石鱼卖也。

【今注】陂（bēi）：池塘。

17【集解】徐广曰："一作'楸'。"骃案：韦昭曰"楸木所以为辕，音秋"。【索隐】《汉书》作"千章之萩"，音秋。服虔云："章，方也。"如淳云："言在方章者千枚，谓章，大材也。"乐产云："萩，梓木也，可以为辕。"

18【集解】徐广曰："六斛四斗也。"

【今注】带郭：城市周围。锺：即钟，粮食计量单位，一钟六石四斗。

19【集解】徐广曰："卮音支，鲜支也。茜音倩，一名红蓝，其花染缯赤黄也。"【索隐】卮音支，鲜支也。茜音倩，一名红蓝花，染缯赤黄也。

20【集解】徐广曰："千畦，二十五亩。"骃案：韦昭曰："畦犹陇。"【索隐】韦昭云："埒中畦犹陇也。谓五十亩也。"刘熙注《孟子》云："今俗以二十五亩为小畦，五十亩为大畦。"王逸云："畦犹区也。"

21【集解】徐广曰："会聚食。"【索隐】音渠略反。

【今注】醵（jù）：凑钱。

22【正义】言少有钱财，则斗智巧而求胜也。

【今注】力：体力。智：脑力、智慧。

23【正义】既饶足钱财，乃逐时争利也。

24【今注】大经：普遍规律。

25【今注】本富：靠农业致富。末富：靠工商业致富。奸富：靠投机取巧、假冒伪劣、违法乱纪、伤天害理而富。

【译文】

俗话说："百里之外不宜贩柴，千里之外不宜贩粮。"在某地如果住上一年，就种植谷物；住上十年，就要种植树木；住上一百年，就要积德行善，争取人心。所谓积善行德，离不开人才和物资。现在那些既没有官职俸禄的供奉，也没有爵位封邑的收入，却能够在生活享乐上与之相似的富人们，可以被称为"素封"。有封邑的贵族享用百姓缴纳的租税，如果每户百姓每年缴纳二百钱，那么食邑一千户的封君每年的收入总数是二十万钱，朝见天子、进献土特产、派遣使者与其他诸侯通问修好等，各式各样的开支都从这里面出。而平民百姓无论经营农业，还是工商等业，如果有一万钱本金，每年也能获得20%的利息。假定拥有百万之产的人家，每年的收入也可以达到二十万，除去缴纳赋税、雇人代服兵役徭役等费用，无论衣食等方面的生活消费多么尽其美、极其好，也都能够随心所欲地享受了。所以说如果在陆地牧马五十匹，或养牛一百六十七头，养羊二百五十头，在水边养猪二百五十头；或者居住在靠水的地方，拥有池塘养鱼一千石；居住在山中，拥有上千棵成材的大树；在安邑有上千棵枣树；在燕、秦等地有上千棵栗树；在蜀、汉、江陵等地有上千棵橘树；在淮北、常山以南，黄河、济水之间有上千棵萩树；在陈、夏等地有上千亩漆树；在齐、鲁有上千亩桑或麻；在渭川有一千亩竹子以及在居民万户以上的都会城市的近郊，有一千亩亩产一钟粮食的良田，或者有上千亩卮草、茜草之类的染料，或者有上千畦姜、韭之类的蔬菜——那么这种人的收入都可以与千户侯相同。而这些能够让人过上富足生活的资财，既用不着亲自去市场交易，也不必奔走于外地经营，安坐家中，就可自动上门，这种人可以说是既拥有“处士”的美名，也享有丰厚的收入。至于那些家境穷到了父母都贫困而亡，妻儿瘦弱，逢年过节无力置办祭祀用品，也凑不出乡里会餐的份子钱，衣食住行都捉襟见肘，到了这种地步如果还不知道惭愧和羞耻的人，也就没有什么值得同情的了。因此没有财产的时候要舍得花力气；稍有积蓄了就要善于动脑，靠智慧去赚更多的钱；富足了之后，既要善于审时度势把握周期性波动的规律，又要设法把财富传之久远——这三个步骤是财富人生的正道坦途。现在通过经营产业，不必冒险犯难，就能够过上富足的日子，因此贤能之士都致力于这种正道坦途。所以说，同样致富，却有高下之别：最值得称道的是从事农牧业以及诚信经营、做人本分而富者，经营工商业、主要靠倒卖而赚钱者就差一点儿了，靠违法乱纪、坑蒙拐骗、假冒伪劣、伤天害理而富者是最可鄙的。当然，一个人如果没有深山隐士的清高德行，却一边长期贫贱，一边空谈道德，也是可羞可耻的。

凡编户之民，富相什则卑下之，伯则畏惮之，千则役，万则仆[1]，物之理也。夫用贫求富，农不如工，工不如商，刺绣文不如倚市门[2]，此言末业，贫者之资也。通邑大都，酤一岁千酿[3]，醯酱千瓨[4]，浆千甔[5]，屠牛羊彘千皮，贩谷粜千钟[6]，薪稿千车，船长千丈[7]，木千章[8]，竹竿万个[9]，其轺车百乘[10]，牛车千两[11]，木器髹者千枚[12]，铜器千钧[13]，素木铁器若卮茜千石[14]，马蹄躈千[15]，牛千足，羊彘千双，僮手指千[16]，筋角丹沙千斤，其帛絮细布千钧，文采千匹，榻布皮革千石[17]，漆千斗[18]，蘖曲盐豉千荅[19]，鲐鮆[20]千斤，鲰千石，鲍

千钧[21]，枣栗千石者三之[22]，狐貂[23]裘千皮，羔羊裘千石[24]，旃席千具，佗果菜千钟[25]，子贷金钱千贯[26]，节驵会[27]，贪贾三之，廉贾五之[28]，此亦比千乘之家，其大率也[29]。佗杂业不中什二，则非吾财也[30]。

【注释】

1 【今注】什、伯、千、万：富裕程度达到十倍、百倍、千倍、万倍。

2 【今注】刺绣纺织的收入不如开设店铺从事商业。

3 【正义】酿千瓮。酤醯醋云。酒酤。

4 【集解】徐广曰："长颈罂。"【索隐】醯醢千瓨。闲江反。

【今注】醯：xī。瓨：hóng。罂：yīng。瓿：fǒu。

5 【集解】徐广曰："大罂缶。"【索隐】酱千檐。下都甘反。《汉书》作"儋"。孟康曰："儋，石罂。"石罂受一石，故云儋石。一音都滥反。

【今注】甔：dān。

6 【集解】徐广曰："出谷也。粜音掉也。"

【今注】粜：tiào。

7 【索隐】按：积数长千丈。

【今注】稿：gǎo。

8 【集解】《汉书音义》曰："洪洞方稿。章，材也。

旧将作大匠掌材曰章曹掾。”【索隐】案：将作大匠掌材曰章曹掾。洪，胡孔反；洞音动。又并如字也。

【今注】掾（yuàn）：属员。

9【集解】徐广曰：“古贺反。”【索隐】竹干万个。《释名》云：“竹曰箇，木曰枚。”《方言》曰：“个，枚也。”《仪礼》《礼记》字为“个”。又《功臣表》“杨仅入竹三万箇”。箇个古今字也。【正义】《释名》云：“竹曰个，木曰枚。”

10【集解】徐广曰：“马车也。”【正义】轺音遥。《说文》云：“轺，小车也。”

【今注】轺：yáo。

11【正义】车一乘为一两。《风俗通》云：“箱辕及轮，两两而偶之，称两也。”

12【集解】徐广曰：“髹音休，漆也。”【索隐】髹者千。上音休，谓漆也。千谓千枚也。【正义】颜云：“以漆物谓之髹。又音许昭反。今关东俗器物一再漆者谓之‘稍漆’，即髹声之转耳。今关西俗云黑髹盘、朱髹盘，两义并通。”

12【集解】徐广曰：“三十斤。”

14【集解】徐广曰：“百二十斤为石。”骃案：《汉书音义》曰：“素木，素器也。”

15【集解】徐广曰：“躈音苦吊反，马八髎也，音料。”【索隐】徐广音苦吊反，马八髎也，音料。《埤仓》云“尻骨谓八髎，一曰夜蹄”。小颜云“躈，口也。蹄与口共千，则为二百匹”。若顾胤则云“上文马二百蹄，与千户侯等。此蹄噭千，比千乘之家，不容亦二百。则噭谓九窍，通四蹄为十三而成一马，所谓‘生之徒十有三’是也。凡七十六匹马”。案：亦多于千户侯比，则不知其所。

【今注】噭：qiào。髎：liáo。

16【集解】《汉书音义》曰：“僮，奴婢也。古者无空手游日，皆有作务，作务须手指，故曰手指，以别马牛蹄角也。”

17【集解】徐广曰：“榻音吐合反。”骃案：《汉书音义》曰“榻布，白叠也”。【索隐】答布。注音吐合反，大颜音吐盍反。案：以为粗厚之布，与皮革同以石而秤，非白叠布也。《吴录》云“有九真郡布，名曰白叠”。《广志》云“叠，毛织也”。【正义】颜师古曰：“粗厚之布也。其价贱，故与皮革同重耳，非白叠也。答者，厚之貌也。”案：白叠，木绵所织，非中国有也。

18【索隐】《汉书》作“漆大斗”。案：谓大斗，大量也。言满量千斗，即今之千桶也。

19【集解】徐广曰：“或作‘台’，器名有瓿。孙叔然云瓿，瓦器，受斗六升合为瓿。音贻。”【索隐】盐豉千盖。下音贻。孙炎说云“瓿，瓦器，受斗六合”，以解此，盖非也。案《尚书大传》云“文皮千合”，则数两谓之合也。《三仓》云“椭，盛盐豉器，音他果反”，则盖或椭之异名耳。

【今注】蘖：niè。

20 【集解】《汉书音义》曰："音如楚人言荠，鮆鱼与鲐鱼也。"【索隐】《说文》云"鲐，海鱼"，音胎；鮆鱼，"饮而不食，刀鱼也"。《尔雅》谓之鮆鱼也。鮆音才尔反，又音荠。【正义】鲐音台，又音贻。《说文》云"鲐，海鱼也"。鮆音齐礼反，刀鱼也。

【今注】鮆：cǐ。鮤：liè。

21 【集解】徐广曰："鲰音辄，膊鱼也。"【索隐】鲰音辄，一音昨苟反。鲰，小鱼也。鲍音抱，步饱反，今之鲰鱼也。膊音铺博反。案：破鲍不相离谓之膊，儿渍云鲍。《声类》及《韵集》虽为此解，而"鲰生"之字见与此同。案：鲰者，小杂鱼也。【正义】鲰音族苟反，谓杂小鱼也。鲍，白也。然鲐鮆以斤论，鲍鲰以千钧论，乃其九倍多。故知鲐是大好者，鲰鲍是杂者也。徐云鲰，膊鱼也。膊，并各反。谓破开中头尾不相离为鲍，谓之膊关者也，此亦大鱼为之者。

【今注】鲰：zōu。

22 【索隐】案：三之者，三千石也。必三之者，取类上文故也。以枣栗贱，故三之为三千石也。【正义】谓三千石也。言枣栗三千石乃与上物相等。

23 【索隐】下音雕也。【正义】音雕。

24 【索隐】羔羊千石。谓称皮重千石。

25 【索隐】果菜千种。千种者，言其多也。【正义】钟，六斛四斗。果菜谓杂果菜，于山野采取之。

【今注】佗（tuó）：其他。

26【索隐】案：子谓利息也。贷音土代反。

27【集解】徐广曰：“驵音祖朗反，马侩也。”骃案：《汉书音义》曰“会亦是侩也。节，节物贵贱也。谓估侩其余利比千乘之家”。【索隐】案：节者，节贵贱也。驵，旧音祖朗反，今音驵。驵者，度牛马市，云驵侩者，合市也。音古外反。《淮南子》云“段干木，晋国之大驵”，注云“干木，度市之魁也”。

【今注】驵：驵。会：侩：kuài。

28【集解】《汉书音义》曰：“贪贾未当卖而卖，未可买而买，故得利少，而十得三。廉贾贵而卖，贱乃买，故十得五。”

【今注】贪贾：过分追求每一笔生意的暴利的商人。廉贾：薄利多销的商人。三之、五之：三倍、五倍收入。有人说是周转三次、五次。

29【正义】率音律。

【今注】大率：大概情况。

30【正义】言杂恶业，而不在什分中得二分之利者，非世之美财也。

【译文】

平民百姓，看到财富比自己多十倍的人，就会感到卑微，看到财富比自己多一百倍的，就会对他心存畏惧，看到财富比自己多一千倍的，就会被他役使，看到财产比自己多一万倍的，就会形同他的奴仆，这是世间人情之常理。穷人要发家致富，从事农业不如从事工业，从事工业不如从事商业，女子与其纺织刺绣，不如在市场做买卖赚钱多。意思是从事工商业，是穷人快速致富的捷径。在四通八达的大都市中，一年之内酿酒一千瓮，或醋、酱一千缸，清酒类饮料一千坛，屠宰牛、羊、猪一千头，贩卖谷物一千钟或柴草一千车，或者拥有船只总长一千丈，有成材的大树一千棵或竹竿一万个，有小型马车一百辆或牛车一千辆，有上漆的木器一千件或铜器总重一千钧，未上漆的木器以及铁器、卮草、茜草等总重一千石，有马七十七匹或牛二百五十头、猪羊两千头，有奴仆一百人，有筋角、朱砂一千斤，有帛絮及细布总重一千钧或带图案花纹的彩色丝织品一千匹，有粗布、皮革总重一千石，有漆一千升，有酒曲、豆豉一千罐，有鲐鱼、刀鱼一千斤，有小杂鱼一千石，有腌鱼一千钧，有枣子、栗子三千石，有狐皮、貂皮一千张，有羔羊皮总重一千石，有毡或席一千具，有其他杂果干菜总重一千钟，有放债取息的本钱一千贯，或者在市场上居间当掮客，过分追求暴利的商人最终得三成利润，薄利多销的商人最终得五成利润。符合上述条件之一的人家，富裕程度都能与拥有上千辆战车的诸侯相似，这是大致的情况。其他各种杂业，如果利润率达不到十分之二，就不是我所说的致富之业了。

请略道当世千里之中[1]，贤人所以富者[2]，令后世得以观择焉。[3]

【注释】

1 【今注】当世：司马迁所处的时代。

2 【今注】贤人：贤能之人。

3 【今注】观择：观察思考、选择榜样。

【译文】

下面就简单介绍一下如今方圆千里之内，那些贤能之士的致富之道，让后世的人们有所借鉴。

蜀卓氏之先[1]，赵人也，用铁冶富。秦破赵，迁卓氏。卓氏见虏略[2]，独夫妻推辇[3]，行诣[4]迁处。诸迁虏少有余财，争与吏，求近处，处葭萌[5]。唯卓氏曰："此地狭薄。吾闻汶山之下[6]，沃野，下有蹲鸱[7]，至死不饥。民工于市[8]，易贾。"乃求远迁。致之临邛[9]，大喜，即铁山鼓铸，运筹策[10]，倾滇蜀之民，[11]富至僮千人[12]。田池射猎之乐，拟于人君。

【注释】

1【集解】徐广曰："卓，一作'淖'。"【索隐】《注》"卓，一作'淖'"，并音斫。一音闹。淖亦音泥淖，亦是姓，故齐有淖齿，汉有淖盖，与卓氏同出，或以同音淖也。

2【今注】迁：流放。见虏略：被俘虏抢掠。

3【今注】辇：人拉的小车。

4【今注】行：步行。诣，前往。

5【集解】徐广曰："属广汉。"【正义】葭萌，今利州县也。

【今注】葭（jiā）萌：今四川广元一带。

6【索隐】汶山下。上音岷也。【正义】汶音珉。

7【集解】徐广曰："古'蹲'字作'踆'。"骃案：《汉书音义》曰："水乡多鸱，其山下有沃野灌溉。"一曰大芋。【正义】蹲鸱，芋也。言邛州临邛县其地肥又沃，平野有大芋等也。《华阳国志》云文山郡都安县有大芋如蹲鸱也。

【今注】鸱：chī。踆：cūn。

8【今注】工于市：擅长商业。

9【今注】临邛：今四川邛崃。

10【索隐】《汉书》云"运筹以贾滇"。

【今注】运筹策：经营筹划。

11 【正义】滇，一作“沮”。《汉书》亦作“滇蜀”。今益州郡有蜀州，亦因旧名及汉江为名。江在益州，南入导江，非汉中之汉江也。

【今注】倾：倾销。

12 【索隐】《汉书》及《相如列传》并云“八百人”也。

【今注】僮（tóng）：奴仆、工人。

【译文】

蜀郡卓氏的祖先，本是赵国人，靠冶铁成为富豪。秦始皇消灭赵国，强迫卓氏离开故土，迁居他乡。卓氏的家财被劫掠一空，只有夫妻二人推着小车，步行着前往被流放的地方。那些同时被流放的富豪也都一贫如洗了，但仍然拿出剩下的一点儿钱财，争着贿赂负责押送的秦国官吏，请求安排在较近的地点，都定居在了葭萌。唯独卓氏说：“葭萌空间狭小、土地瘠薄。我听说汶山之下，沃野千里，盛产大芋头，到死都不会发生饥荒挨饿。居民擅长做生意，是经商的好地方。”于是要求迁的更远一些。结果被安排在了临邛，卓氏心中大喜，就前往山里开矿铸铁，经过驾轻就熟的运筹策划，成为滇蜀地区的首富，拥有奴仆上千人，还拥有大片田园池林，卓氏在里面射猎享乐，过上了足以与皇帝媲美的日子。

程郑，山东迁虏也[1]，亦冶铸，贾椎髻之民[2]，富埒

卓氏[3]，俱居临邛。

【注释】

1【今注】山东：关东，崤山以东地区。迁虏：流放的俘虏。

2【索隐】椎结之人。上音椎髻，谓通贾南越也。

【今注】贾：与之通商做买卖。椎髻之民：发型像木槌一样的民族。椎：chuí。

3【索隐】埒者，邻畔，言邻相次。

【今注】埒（liè）：相等、比肩。

【译文】

程郑也是从山东地区被强迫迁来的俘虏，也从事开矿冶铁，产品远销到西南夷和南越地区。他的财富与卓氏相等，都住在临邛。

宛孔氏之先，梁人也，用铁冶为业。秦伐魏，迁孔氏南阳。大鼓铸，规陂池，连车骑，游诸侯，因通商贾之利，有游闲公子之赐与名[1]。然其赢得过当，愈于纤啬[2]，家致富数千金，故南阳行贾尽法孔氏之雍容[3]。

【注释】

1 【集解】韦昭曰："优游闲暇也。"【索隐】谓通赐与于游闲公子，得其名。

2 【索隐】谓孔氏以资给诸侯公子，既已得赐与之名，又蒙其所得之赢过于本资，故云"过当"，乃胜于细碎俭啬之贾也。纤，细也。《方言》云："纤，小也。"愈，胜也。【正义】音色。啬，吝也。言孔氏连车骑，游于诸侯，以资给之，兼通商贾之利，乃得游闲公子交名。然其通计盈利，过于所资给饷遗之当，犹有交游公子雍容，而胜于悭悕也。

【今注】过当：超过平常收入。愈：胜过。纤啬，斤斤计较。

3 【今注】法：效法。雍容：豁达大度。

【译文】

宛这个地方的孔氏的祖先，是梁人，以冶铁为业。秦军攻伐魏国时，强迫孔氏迁到南阳。他重操旧业，大规模地开矿铸铁，整治沼泽，兴建园林，又车马成群地往来各地，结交诸侯，开展大规模的商业贸易，赚取厚利。孔氏出手阔绰的赫赫名声，并不亚于挥金如土的公子王孙。但他所得的赢利却远远比送出去的多得多，反而胜过了那些锱铢必较的吝啬鬼。孔氏家有黄金数以千计，所以南阳人经商时都效法孔氏慷慨大方的雍容气度。

鲁人俗俭啬，而曹邴氏[1]尤甚，以铁冶[2]起，富至巨万。然家自父兄子孙约[3]，俯有拾，仰有取，贳贷行贾遍郡国[4]。邹、鲁以其故多去文学而趋利者，以曹邴氏也。

【注释】

1 【索隐】邴音柄也。

2 【集解】徐广曰：“鲁县出铁。”

3 【今注】约：家规。

4 【今注】贳（shì）：租借，赊销。

【译文】

鲁人风俗俭朴吝啬，曹地的邴氏尤其是这样。邴氏靠冶铁起家，财富达亿万之多。但他们家中父子兄弟订下家规，一举一动都贯彻爱惜物力的原则，要收集拾取任何还有一点使用价值的东西，他们的放债和贸易遍及天下。邹、鲁地方之所以有许多人弃学经商，就是因为受到邴氏家族的影响。

齐俗贱奴虏[1]，而刀閒[2]独爱贵之[3]。桀黠奴[4]，人之所患也，唯刀閒收取，使之逐渔盐商贾之利，或连车骑，交守相，然愈益任之[5]。终得其力，起富数千万。故曰“宁爵毋刀”[6]，言其能使豪奴自饶而尽其力。

【注释】

1 【今注】奴虏：奴隶。

2 【索隐】上音雕，姓也。閒，如字。【正义】刀，丁遥反。姓名。

【今注】刀：diāo。

3 【今注】爱贵：爱护、尊重。

4 【今注】桀黠：桀骜不驯、诡计多端。

5 【今注】任：信任、放任。

6 【集解】《汉书音义》曰："奴自相谓曰：'宁欲免去作民有爵邪？将止为刀氏作奴乎？'毋，发声语助。"【索隐】案：奴自相谓曰："宁免去求官爵邪？"曰："无刀。"无刀，相止之辞也，言不去，止为刀氏作奴也。

【译文】

齐地有歧视奴仆的社会风气，唯独刀閒爱惜并看重他们。桀骜不驯、生性狡诈的奴仆，是让很多主人感到头疼的，只有刀閒愿意收留并重用他们，派他们出去经营渔盐等业或从事商业活动，追求利润。刀家的奴仆车马成群地往来各地，有的甚至与郡守、国相结为好友，刀閒对这些人更加信任重用，最终得力于他们而起家致富，财产达到数千万之多。所以有一种说法："宁愿拒绝爵位，也不要拒绝刀閒。"这说明刀閒善于发挥奴仆的聪明才智，自己也能够在奴仆们的帮助下富裕起来。

周人既纤[1]，而师史[2]尤甚，转毂以百数[3]，贾郡国，无所不至。洛阳街居在齐秦楚赵之中[4]，贫人学事富家，相矜以久贾[5]，数过邑不入门，设任此等[6]，故师史能致七千万。

【注释】

1【集解】《汉书音义》曰：“俭啬也。”

【今注】纤：吝啬。

2【索隐】师，姓；史，名。【正义】师史，人姓名。

3【今注】转毂（gǔ）：车辆。

4【正义】洛阳在齐秦楚赵之中，其街巷贫人，学于富家，相矜以久贾诸国，皆数历里邑不入其门，故前云“洛阳东贾齐、鲁，南贾梁、楚”是也。

5【集解】《汉书音义》曰：“谓街巷居民无田地，皆相矜久贾在此诸国也。”

【今注】矜：夸耀。

6【今注】设：善于。任：任用。

【译文】

周人比较小气，师史更是如此。他拥有运货车数百辆，往来于天下各郡国经商贸易，没有未曾去过的地方。洛阳位于齐、秦、楚、赵的中间，那里的穷人也竞相效法富家，都以常年在外经商为荣，许多人屡过家门而不入。师史巧妙地任用这样的人，所以能积聚财产七千万。

宣曲[1]任氏之先[2]，为督道仓吏[3]。秦之败也，豪杰皆争取金玉，而任氏独窖仓粟[4]。楚汉相距荥阳也，民不得耕种，米石至万，而豪杰金玉尽归任氏，任氏以此起富。富人争奢侈，而任氏折节为俭[5]，力田畜[6]。田畜人争取贱贾[7]，任氏独取贵善[8]。富者数世。然任公家约，非田畜所出弗衣食，公事不毕则身不得饮酒食肉[9]。以此为闾里率[10]，故富而主上重之[11]。

【注释】

1 【集解】徐广曰：“高祖功臣有宣曲侯。”【索隐】韦昭云：“地名。高祖功臣有宣曲侯。”《上林赋》云“西驰宣曲”，当在京辅，今阙内其地。【正义】案：其地合在关内。张揖云“宣曲，宫名，在昆池西也”。

2 【今注】先：祖先。

3 【集解】《汉书音义》曰：“若今吏督租谷使上道输在所也。”韦昭曰：“督道，秦时边县名。”

4 【集解】徐广曰：“窖音校，穿地以藏也。”

【今注】窖：窖藏。

5【今注】折节：屈己下人，低调谦卑。

6【今注】力：亲力亲为、亲自从事。

7【索隐】晋灼云："争取贱贾金玉也。"【正义】音价也。

【今注】贾：通"价"，价格。

8【索隐】谓买物必取贵而善者，不争贱价也。

【今注】贵善：价格贵、品质好。

9【今注】公事：国家的赋税、徭役。毕：完结。身：自己。

10【今注】闾里：邻里、本地百姓。率：表率、榜样。

11【今注】主上：皇帝。

【译文】

宣曲任氏的祖先，原来是督道地方管粮仓的小吏。秦朝败亡的时候，天下大乱，那些身强力壮的豪杰们都去抢夺仓库里的金玉珍宝，只有任氏不要这些宝贝，而是把仓库中的粮食运回家藏在地窖里。刘邦和项羽的军队在荥阳相持对抗，附近的百姓无法耕种，粮价暴涨到上万钱，任氏把窖藏的粮食拿出来卖，结果被豪杰们抢走的珠宝金玉悉数落进了任氏的口袋，任氏就这样发了大财。宣曲一带的富人都争相炫富，过着奢侈的生活，唯独任氏低调做人、勤俭持家，全家老小都亲自种地、养牲畜。土地和牲畜，一般人都拼命杀价，抢购廉价的，唯独任氏不惜高价收买品质优良的。任氏接连富了好多代。这是因为任氏发家的那位祖先曾经订下家规：不是自己动手生产的粮食不吃，不是自己动手饲养的牲畜不食，不是自己动手纺织的布不穿，官府的税赋徭役等事没有办完，不得饮酒食肉。他家因此成为乡间的表率，所以世代富裕并且得到皇上的敬重。

塞之斥也[1]，唯桥姚[2]已致马千匹[3]，牛倍之，羊万头，粟以万钟计。吴楚七国兵起时[4]，长安中列侯封君行从军旅，赍贷子钱[5]，子钱家[6]以为侯邑国在关东，关东成败未决，莫肯与[7]。唯无盐氏出捐千金贷[8]，其息什之[9]。三月，吴楚平。一岁之中，则无盐氏之息什倍，用此富埒关中[10]。

【注释】

1 【集解】《汉书音义》曰："边塞主斥候卒也。唯此人能致富若此。"【索隐】孟康云："边塞主斥候之卒也。"又案：斥，开也，《相如传》云"边塞益斥"是也。【正义】孟康云"边塞主斥候卒也。唯此人能致富若此"。颜云："塞斥者，言国斥开边塞，更令宽广，故桥姚得恣其畜牧也。"

【今注】塞之斥：西汉王朝鼓励开发边塞地区。斥：开发。

2 【索隐】桥，姓；姚，名。【正义】姓桥，名姚也。

3【索隐】言桥姚因斥塞而致此资。《风俗通》云："马称匹者，俗说云相马及君子，与人相匹，故云匹。或说马夜行，目照前四丈，故云一匹。或说度马纵横，适得一匹。"又《韩诗外传》云："孔子与颜回登山，望见一匹练，前有蓝，视之果马，马光景，一匹长也。"

4【今注】汉景帝时吴王刘濞带领七个王国发动的叛乱。史称"吴楚七国之乱"。

5【索隐】赍音子稽反。贷，假也，音吐得反。与人物云赍。《周礼》注"赍所给与"也。

【今注】赍（jī）：携带。子钱：贷款。子：利息。

6【今注】子钱家：经营借贷业的人家。

7【今注】与：给予，放贷。

8【索隐】吐代反。

【今注】无盐，复姓。

9【索隐】谓出一得十倍。

10【今注】用此：因此。埒（liè）：相等。

【译文】

在开拓边塞的人中，桥姚是最富裕的，他拥有马一千匹、牛二千头、羊一万头、粟米数以万钟。吴楚七国之乱的时候，长安城中的列侯封君都要从军出征，为了准备武器行装等开销，纷纷借贷，经营借贷业的人认为这些列侯封君的封邑封国都在成为战场的关东地区，而汉军与叛军胜负难料，都不敢放贷。唯独无盐氏拿出一千金放贷，利息比平常高出十倍。三个月以后，吴楚七国之乱被平定。一年之中，无盐氏获得了比本金多出十倍的利息，一下子让他成为关中地区的一流富豪。

关中富商大贾，大抵尽诸田，田啬、田兰。韦家栗氏，安陵、杜杜氏[1]，亦巨万。

【注释】

1 【集解】徐广云："安陵及杜，二县名，各有杜姓也。宣帝以杜为杜陵。"

【译文】

关中的富商大贾，不少人出自田氏家族，如田啬、田兰等。此外韦家地方的栗氏家族，安陵及杜县的杜氏家族，家财也值亿万。

此其章章尤异者也[1]。皆非有爵邑奉禄弄法犯奸而富，尽椎埋去就[2]，与时俯仰[3]，获其赢利，以末致财，用本守之，以武一切，用文持之[4]，变化有概[5]，故足术也[6]。若至力农畜，工虞商贾，为权利[7]以成富，大者倾

郡[8]，中者倾县，下者倾乡里者，不可胜数。

【注释】

1【集解】徐广曰："异，一作'淑'，又作'较'。"

【今注】章章：显著。

2【今注】椎埋：前人注解，或曰椎杀人而埋之，或云盗墓掘冢。此种解释，在前文叙述作奸犯科时或许合理，但与此处文意扞格不通。清人顾炎武《日知录》卷二七《史记注》云："'尽椎埋去就，与时俯仰。'椎埋当是'推移'二字之误。"今人李埏教授认同此说[1]。《楚辞·渔父》云："圣人不凝滞于物，而能与世推移。"《庄子·秋水》："夫不为顷久推移，不以多少进退者，此亦东海之大乐也。"推移者，转易、变迁也。去就者，进退、取予，有所为有所不为也。再结合后文"与时俯仰"观之，此说或然。

3【今注】与时俯仰：根据时势行情变化而进退取舍。

4【今注】武：勇猛、刚健。一切：一时权宜。《淮南子·泰族》云："张仪、苏秦之从横，皆掇取之权，一切之术也，非治之大本。"文：文化、道德、稳妥。持：保有、持续。

5【今注】概：状况，踪迹。

6【今注】术：通述。

1　见李埏等著：《〈史记·货殖列传〉研究》，云南大学出版社2002年版，第70—72页。

7 【今注】权：动词，权衡、考量。利：利益。

8 【今注】倾：超过。

【译文】

上面列举的都是赫赫有名的佼佼者，这些人都不是有爵位封邑俸禄收入的人，也不靠违法犯罪、伤天害理的手段致富，全都是推究时势变化以决进退、有所为有所不为，又能利用时势波动的机遇而获得赢利。他们凭借经营工商业发财致富，又靠购置土地经营农业守住财富；把出奇招、敢冒险作为起家敛财的一时权宜之计，而把重文崇德、周详稳妥作为持家传业的长久守成之道。其手段的变化有章可循，能适应不同的情况，所以值得记载和效法。至于其余那些或者致力于农耕畜牧，或者开发山林、经营工商等业，或者仗财弄权从而成为富豪的人，大的富甲一郡，中等的富甲一县，最少的富甲一乡一里，那就不胜枚举了。

夫纤啬筋力[1]，治生之正道也，而富者必用奇胜[2]。田农，掘业[3]，而秦扬以盖一州[4]。掘冢，奸事也，而田叔以起。博戏，恶业也，而桓发[5]用之富。行贾，丈夫贱行也，而雍乐成以饶。贩脂[6]，辱处也，而雍伯千金[7]。卖浆，小业也，而张氏千万。洒削[8]，薄技也，而郅氏鼎食。胃脯[9]，简微耳，濁氏连骑。马医，浅方，张

里击钟[10]。此皆诚壹之所致。[11]

【注释】

1【今注】纤啬：节俭。筋力：辛苦劳作。

2【今注】奇：非同凡响的过人之技。

3【集解】徐广曰："古'拙'字亦作'掘'也。"

【今注】掘：通拙。

4【索隐】《汉书》作"甲一州"。服虔云："富为州之中第一。"

5【索隐】《汉书》作"稽发"。【正义】桓发，人姓名。

6【正义】《说文》云"戴角者脂，无角者膏"也。

【今注】脂：油脂。

7【集解】徐广曰："雍，一作'翁'。"【索隐】雍，于恭反。《汉书》作"翁伯"也。

8【集解】徐广曰："洒，或作'细'。"骃案：《汉书音义》曰"治刀剑名"。【索隐】上音先礼反，削刀者名。洒削，谓磨刀以水洒之。又《方言》云"剑削，关东谓之削"。音肖。削，一依字读也。

【今注】洒削：磨刀剑。

9【索隐】晋灼云："太官常以十月作沸汤燖羊胃，以末椒姜粉之讫，暴使燥，则谓之脯，故易售而致富。"【正义】案，胃脯谓和无味而脯美，故易售。

【今注】胃脯：泛指做熟食。

10 【今注】钟：编钟。

11 【今注】诚：全力以赴，坚持不懈。壹：专心致志，全神贯注。

【译文】

生活尽量节俭，劳动不怕艰苦，这是谋生持家的常规正道，但富人也必定有出奇制胜的过人之处。耕田务农，是很笨的人也能干的事情，但秦扬靠此成了一州的首富。盗掘坟墓，是犯法的勾当，但田叔靠此起家。赌博是恶劣的行径，但桓发靠此发财。奔波外地跑买卖，是身强力壮的男子汉所不屑的，但雍乐成靠此富裕起来。贩卖动物的油脂，不太光鲜体面，但雍伯靠此得到数以千计的黄金。贩卖薄酒汤水，不过是利润微薄的生意，但张氏家族靠此坐拥千万家财。磨剪子锵菜刀，是微不足道的技术，但郅氏家族靠它过上像王公贵族一样列鼎而食的日子。卖熟羊肚，既简单又不起眼，但浊氏家族靠它能够拥有豪华的车队。马医，不需要多高明的医术，但张里靠它能够家养乐团。这全都是因为他们能够“诚壹”——专心致志、持恒精进地把一件事做到极致的结果。

由是观之，富无经业[1]，则货无常主[2]，能者辐凑，不肖者瓦解[3]。千金之家比一都之君，巨万者乃与王者同

乐。岂所谓“素封”者邪？非也？

【注释】

1 【今注】经：特定。

2 【今注】货：资财。主：主人。

3 【今注】能者：能够按照事物本质要求做事者。不肖：不肯按照事物本质要求做事者。

【译文】

由此看来，发家致富并没有特定的行业，资财金钱也没有永恒不变的主人。能够按照规律做事的贤能之士，即使白手起家，财富也会源源不断汇聚而来；而拒绝遵循规律的愚蠢之人，即使坐拥金山，也可能瞬间瓦解、一夜归零。家有千金，比得上一城封君，资财亿万，不亚于一国帝王。这些富豪不就是所谓的“素封”吗？难道不是吗？

下　篇

《货殖列传》故事新编

第一章　商人出世

一、《货殖列传》

话说秦始皇时期，有一天，在那富丽堂皇的宫廷里，举行了一个隆重的迎接仪式。这一次被接待的，是一位女客人。

我们都知道，秦始皇是统一天下的千古一帝，能够成为他的座上宾，肯定不是等闲之辈。那么这位女客人，究竟是谁呢？

她既不是国外来访的国家元首，也不是出身高贵的皇族贵妇，还不是国色天香的妙龄美人，更不是怀揣长生不老药的天上仙女。

您可能想不到，这位女客人，竟是从巴山蜀水的大山深处走出来的一位平民百姓，而且是一位寡妇，名字叫作清，人称“寡妇清”！当然，寡妇清与一般的平民百姓也有点儿不太一样，因为她是一位女工商业者，也就是我们今天所说的女企业家。

您可能会感到奇怪，秦始皇是什么人？那可是唯我独尊的千古一帝啊！这位寡妇清，即使是企业家，也终究不过是一个平民老百姓，她怎么会成为秦始皇的座上宾呢？您说的，是不是有点儿天方夜谭啊？

这个故事，还真不是我瞎编杜撰的，而是白纸黑字地记载在司马迁写的《史记·货殖列传》里。

那么，《货殖列传》是怎样一本书呢？

所谓“列传”，就是司马迁给各种各样的人物写的传记。例如在《史记》里面，韩信的传记叫《淮阴侯列传》，汉武帝时候打垮匈奴的名将卫青、霍去病的传记叫《卫将军骠骑列传》，等等。

那么，“货殖”是什么意思呢？

“货殖”的“货”，指的是资财、财货，具体说呢，就是金钱、土地、粮食、矿产、牲畜等物资财富；“货殖”的“殖”呢？就是繁殖、增殖的意思。

“货殖”这两个字合起来，意思就是资财能够不断繁殖、不断增加。

当然毫无疑问，物资财富不是小鸡，它不能自己下蛋；也不是小狗，不能自己生崽。资财是不会自己增殖的，它需要人的经营、需要人的管理。

但是，有了人的经营，资财就一定能增殖吗？那可不见得！司马迁说：“富无经业，则货无常主，能者辐凑，不肖者瓦解。”（《史记·货殖列传》）就是说，能够致富的，不是只有一种行业，三百六十行，行行出富豪；财富，也没有永远固定不变的主人。有才干的人，即使白手起家，也能够积累万贯家财；无能的人，即使坐拥一座金山，也可能顷刻之间土崩瓦解。正所谓：你不理财，财不理你；你不会理财，财也不会理你。

讲到这儿，我们就明白了，所谓的《货殖列传》，就是司马迁给经营产业并且发财致富的老板、企业家写的传记。

《货殖列传》中提到的人物总共是52个，其中有十几个人，记载得比较详细，另外的30多个人，记载得比较简单，有的只是提了提名字而已。

根据他们从事的行业，可以把他们分成三类。

第一类是从事商业贸易的人，也就是专门做买卖的狭义的商人。比如，历史上非常有名的范蠡、孔子的好学生子贡、战国时的大商人白圭等，就属于专门做买卖的生意人，也就是狭义的商人。

第二类是主要从事大规模商品生产的人。比如说，前面我们提到的寡妇清，从事的就是采矿业的商品生产。另外，还有好几个靠煮盐、开铁矿、搞畜牧业等发财的人。这些都是属于从事大规模商品生产的人。

第三类是从事其他服务业的人。比如，有搞金融借贷业的，有开饭馆的，还有当兽医的，等等。

司马迁把这些各行各业的人放到一起，专门为他们写了一篇传记，就是《货殖列传》。这些人就是我们今天的老板、企业家，或者说就是经商办企业的广义上的商人。

这些人，都是有钱人。但是，司马迁为他们树碑立传，并不是要搞一个司马迁版的"胡润富豪排行榜"，不是谁的钱多，谁就是老大，谁就最牛。能够被司马迁树碑立传的富豪，不是光有钱就行，还必须符合他的条件。他有什么条件呢？司马迁写了一篇《太史公自序》，就是《史记》的最后一篇，他说，他写作《货殖列传》的出发点，有五句话，就是："布衣匹夫之人，不害于政，不妨百姓，取与以时而息财富，智者有采焉。"

这句话是什么意思呢？实际上，这就是司马迁为商人树碑立传的条件。我们可以把它归结为三个方面。

首先，是"布衣匹夫之人"。意思是说，这些靠商品的生产和经营赚了钱的人，都是平民百姓，不是当官的。至少，他们在经营赚钱的时候身份上属于平民百姓，不属于在朝官员。也就是说，他们赚钱靠的是自己的聪明才智，而不是政治权利，也不是搞什么权钱交易。这是第一个条件。

其次，是“不害于政，不妨百姓”。意思是这些人赚钱，靠的是合法经营，不是靠违法乱纪，违背国家法律制度，或者损害国家利益。这些人赚钱，不坑害老百姓，不搞什么假冒伪劣或是坑蒙拐骗，损害社会大众。所谓“君子爱财，取之有道”，这钱来路很正。

最后，是“智者有采焉”。意思是这些人的经营之道、赚钱办法，值得后来者学习，能够对于后世之人，有所启迪，有所帮助。

这几个方面，就是司马迁为工商业富豪们树碑立传的条件。也就是说，只有符合这些条件的工商业者，才有资格被司马迁载入史册，才有可能名垂青史、千古留名。

看过《史记》的朋友都知道，《史记》里面笔墨最多的当然是王侯将相之类的大人物，而专门写工商业者的《货殖列传》，在其中只占一小部分，并且是从后面倒着数的第二篇。

但是，我们千万不要小看这一小部分！因为，在司马迁之前，专门为工商业者树碑立传的历史书籍从来就没有过。司马迁写的《货殖列传》是开天辟地头一次。司马迁之后呢？在二十四史中，除了班固写的《汉书》

模仿司马迁的写法有一篇《货殖传》之外，再也找不到专门为工商业者树碑立传的历史文献了。几乎可以说是“前不见古人，后不见来者”，可见司马迁的卓越之处。

一部二十四史，除了《史记》《汉书》外，其他的几乎全部都是王侯将相的天下，再也没有工商业者的位置了。

我们今天应该感谢司马迁，如果不是《史记》，古代那些成功企业家的故事，我们是无从知晓的。其实，除了《货殖列传》以外，司马迁还在《史记》的其他部分，谈到了众多的工商业者。

通过这些篇章，司马迁为我们留下了一系列饶有趣味的工商业故事，也留下了许许多多发人深省的工商业者的传奇。

二、商贾传奇

司马迁的笔下记录了许多商人传奇。比如本章开头提到的秦始皇隆重接待寡妇清的故事。

寡妇清是我国历史上有文献记载的第一位女企业家。她的老家，在现在重庆市涪陵县一带。寡妇清是一个寡妇，但她却不是一个普普通通的女子，而是一个才能卓越的女强人，大概一般的男人不能入她的眼（那时候贞洁观念还没有根深蒂固），丈夫死后她一直没有再婚，一直保持着寡妇的身份，所以司马迁称她为“寡妇清”。又因为重庆在古代属于巴蜀之地，所以又称她为“巴寡妇清”。

寡妇清家经营的产业是开采朱砂矿。在古代，朱砂的用处可是我们难以想象的。朱砂可以把丝绸、麻布之类的纺织品染成红色。我们中国人自古以来都非常喜欢红色，因为红色喜庆啊！所以朱砂是非常重要的纺织业颜料。朱砂还可以制作水银，还可以作为药材。总之，朱砂的用途很广。所以，开采朱砂矿藏是一个非常赚钱的行当。

这份产业是寡妇清的祖上开创的，传到她的时候，已经是好几代的家族企业了。可能由于家族里面男子的才干都比较差，寡妇清就挺身而出，主持家业，就好比《红楼梦》里面的王熙凤，女子当家。不过，寡妇清更胜一筹，用今天的话来说，她可是担任了本家族企业的董事长兼CEO。

寡妇清很能干，她善于经营，把企业搞得红红火火。随着生产规模的扩大，她的财富也迅速扩张，她作为女企业家的名声，也传遍天下。甚至连秦始皇，都使用接待贵宾的礼节隆重地接见了她。那可是“普天之下，莫非王土，率土之滨，莫非王臣”的一国之君啊。秦始皇不仅接见了寡妇清，还专门为寡妇清建筑了一座高台，命名“女怀清台”，以示表彰。

在中国历史上，女企业家本来就非常罕见，而受到皇帝接见和表彰的女企业家就更是凤毛麟角了。所以，寡妇清的故事颇具传奇色彩。

那么，秦始皇为什么要接见寡妇清呢？难道说，就因为她腰缠万贯、名气冲天吗？当然没那么简单，可是，如果不完全是这个原因，那还有什么原因呢？

姜太公用直钩钓鱼的故事，大家都很熟悉，他那“愿者上钩”的名言，“雷倒”了很多人。那么，说这话之前，他老人家是干什么工作的呢？姜子牙钓鱼，是为了求见周文王。可是，他为什么要使用直钩钓鱼这种怪招呢？

我们都知道，儒家学派创始人孔子，可以称得上中国历史上最早的民办大学校长，那时候他的学生有3000多人，可谓济济一堂。因为是民办学校，自然是没有财政拨款，那么，孔子办学的经费从哪里而来呢？孔子还赶着马车到处周游列国，虽然那个时候出国不需要办护照、签证，可是人在旅途，总要住店、总得吃饭吧？那么究竟是什么人给孔老师的教育事业，提供赞助以及支付大量的食宿出行的费用呢？

大政治家范蠡，帮着越王勾践“十年生聚，十年教训”，灭了吴王夫差，功成名就之后，他果断地拒绝了勾践的高官厚禄，突然一下子人间蒸发，他究竟干什么去了呢？

如今，有很多朋友热衷于炒股。炒股的朋友，大概没有人不知道美国的股神沃伦·巴菲特，也都了解他的投资格言：“别人贪婪时我恐惧，别人恐惧时我贪婪。”他的意思是采用逆向思维，反向操作，逢低入市。其实，巴菲特的这种投资理念，一点儿也不新鲜，因为早在两千多年以前的战国时代，我国著名的大商人白圭就提出过完全一样的理论。而且，白圭的表述，比巴菲特还要简练，就八个字，叫作“人弃我取，人取我与”。白圭因此被后世的商人奉为宗师。那么，两千多年以前的白圭，为什么能提出这样先进的理念呢？

这些问题，林林总总，我们都可以从司马迁的《史记》中找到答案。

实际上，不仅《史记》中有各种各样的工商业故事，在整个中国古代，工商业的故事都是非常丰富的。因为，在我们五千年的中华文明史上，我们的祖先不仅创造了辉煌灿烂的农业文明，而且也创造过发达的工商业文明。工商业文化是中国传统文化的重要组成部分。工商业经济的发展，不仅推动了中华文明的发展和进步，也为人类文明的发展和进步做出了巨大贡献。

在中华民族的文明史上，我们的祖先留下了一笔笔丰厚的文化遗产，其中，既有丝绸之路、茶马古道之类的遗迹，也有造纸术、印刷术、指南针等伟大的发明。许多发明创造，在全世界的历史上都是独一无二的。而这些，都是工商业文明的结晶。

三、商人诞生

我们说商人、商人，那么，什么样的人，才属于商人呢？

大家知道，在汉语当中，“商人”这个词是有狭义和广义之别的。狭义上的商人，指的是专门跑买卖、搞贸易的人。广义上的商人，是指所有经营工商业的企业家、老板。本书中，用的就是它的广义。而广义的概念，又是从狭义的概念中引申出来的。

那么，在我们中国，商业和商人是怎么产生的呢？关于这一点，历史上有一个很有名的传说：

神农氏作，列廛于国，“日中为市，致天下之民，聚天下之货，交易而退，各得其所。”（《周易·系辞下》）

意思是说，神农氏在都城里面，事先投资建设了一排排的店铺，每天中午的时候，四面八方的老百姓就带着各自的货物云集而来，在这些店铺里摆下摊位，互相交易。交易完成，又带着各自需要的东西满意地回家去了。

大家都知道，神农就是炎帝，在中国，神农他老人家可是一个了不起的大发明家！传说农业生产、打井取水的技术，耒耜等农具，治病救人的医药等，都是神农发明创造的。

神农，也就是炎帝以后，又出现了一个聪明能干的领导叫黄帝。传说文字、历法、制造车船、养蚕织布、做衣服、建房子等技术，就是黄帝和他的大臣们发明的。

在神农（炎帝）和黄帝的英明领导下，我们中华民族告别了野蛮时代，跨入了文明社会，所以我们中华民族被称为炎黄子孙。

既然我们整个民族都是神农他老人家创造的，那么把我们的市场交换、商业贸易的起源，也说成是他老人家的专利成果，确实也不过分。然而，这只不过是一个美丽的传说，就像歌里唱的："不要迷恋哥，哥只是一个传说。"

其实，在人类历史上，交换不是某一个聪明人的发明，而是随着部落和部落之间建立了这样那样的联系，才慢慢出现的。

在类人猿变成人以后的很长一段时间里，是没有物品交换的。各个部落的人集体劳动、集体生活，又由于人口数量不多，居住分散，交通不便，信息闭塞，部落与部落之间的联系很少。因此衣食住行的所有事情，都由部落内部自己解决。

随着人口增加，部落的活动空间扩大，部落与部落之间的联系也多了起来，物品的交换也就逐渐出现了。

在现在北京市南面的房山区周口店，有一个距今大约三万年以前的山顶洞遗址。考古工作者在这里发现了作为装饰品用的海蚶 (hān) 壳，还有洒在原始人遗体上的赤铁矿碎片。

这两种东西可不是山顶洞周围出产的。海蚶出产于渤海湾一带，离山顶洞有二百公里。那个时候可没有什么京津塘高速公路，更没有什么城际高铁。从山顶洞钻出来，跑到渤海边，要是步行一个来回，少说也得十天半个月。

总之，在那个通信基本靠吼、交通基本靠走、取暖基本靠抖的远古时代，山顶洞人自己东奔西跑，从出产地弄来这些东西，可能性不大。

那么，生活在山顶洞的原始人是怎么得到这些东西的？根据考古学家的推断，不是从其他部落抢来的，就是拿什么东西从别的部落换来的。

根据这一类考古发现，虽然我们可以说距今大约三万年以前，原始人就可能有了交换。但是，我们却不能说，有了交换，就有了商业和商人。

所谓“商人”，有两个最基本的特征：一是不干别的，专门跑买卖、做生意；二是他买东西、卖东西不是为了满足自己的消费要求，而是为了从一买一卖中赚钱。

而所谓的“商业”，指的是做买卖赚钱，是社会上一部分人不干别的，专门从事买卖的职业。

因此，我们不能说一有交换，就有了商业和商人。真正的商人和商业，是在交换的基础上，随着社会分工的扩大逐步诞生的。

那么分工又是怎么回事呢？

我们说的分工，不是生理性分工。什么叫生理性分工？就是由于生理差别引起了性别、年龄的分工。在动物世界里面，例如公猴、母猴，老猴、小猴之类的分工，就属于这种情况。这种分工是天然形成的，在人类社会和动物世界都普遍存在。

我们所说的分工，不是这种与生俱来的生理性的分工，而是人类社会内部的社会性分工。所谓社会性分工，主要指的是不同行业、不同职能的分工。

经济学的理论认为，社会性的分工，是由三种因素引起的。第一种因素是自然环境条件的制约，第二种因素是社会生产力的发展，第三种因素是交换的扩大。

这三个因素是怎样互相作用，引起社会性分工的呢？

人是在不同的环境条件下生产和生活的，不同的自然环境条件，决定了人们的生产方式、生活方式有很大差别。尤其是在生产力水平低下的古代，人们受自然环境的影响就更大。比如说，草原上适合放牧，平原上适合种庄稼，山林里适合打猎，大海边适合捕鱼，等等。人们经常说的“靠山吃山，靠水吃水”，就是这个道理。

随着生产力的发展，各个部落生产的物品，在自己消费之外有了剩余，就把多余的物品拿出来，从别的部落那里换取自己缺少但又需要的物品。比如，草原上生活的部落生产的肉比较多，平原上的部落生产的粮食比较多，草原上的人就拿肉来换取平原人的粮食。

通过越来越多的交换，草原上的人慢慢发现，自己利用比较适合的自然条件，多放牧、多养牲畜，即使少种或者不种粮食，也可以拿肉换来需要的粮食。平原上的人也发现，自己利用比较适合的自然条件，多种粮食，也比既种粮食又放牧划算。于是，人类历史上的第一次社会性大分工——农业和畜牧业的分工就这样发生了。

后来，在生产力进一步发展、交换进一步扩大的基础上，一些拥有特殊手艺的人（例如制作陶器的陶工、制造木器的木匠、建造房子的泥瓦匠之类）又从农业生产中分离出来，引起了第二次社会性大分工——农业和手工业的分工。

分工的扩大又反过来促进了交换的发展。再后来，由于交换的数量越来越多，规模越来越大，生产者与生产者直接见面的交换已经忙不过来了，一些专门人才就脱离了农业生产、牧业生产、手工业生产，成为跑买卖、做生意的专业户，这就引起了第三次社会性大分工——商业与农业、手工业的分工。

商人和商业，就是在这样的历史时刻正式宣布诞生的。

1990 年，国外的考古学家在乌兹别克斯坦南部的一个墓葬里，发现了一些制作于公元前 1700—前 1500 年（大致相当于夏朝末年、商朝初年）的丝绸衣物的碎片。[1]

这个发现轰动一时，为全世界所瞩目。那么这个考古发现对于我们今天的话题有什么意义呢？

第一，它告诉我们，这些丝绸碎片是我们中国人生产的。传说，蚕丝纺织的技术，是黄帝的太太嫘（léi）祖发明的。她在发明了养蚕纺织技术后，无偿地教给了人民。根据现在比较权威的研究，至少在距今 5000 年前，我们的祖先就掌握了这项技术，在适宜种桑养蚕的地方，都发展起了蚕丝纺织业，而且在长达几千年的时间里，在全世界都是独一无二的独门功夫。所以，乌兹别克斯

1.《人民日报》（海外版），1990 年 8 月 22 日。

坦出土的那些丝绸碎片，肯定是 MADE IN CHINA 的出口产品，这是确凿无疑的。

第二，那些丝绸碎片制作于公元前 1700—前 1500 年，这表明在那个时候，中国的中原内地与中亚之间，就已经存在了一条古老的丝绸之路。或者说，丝绸之路早在距今四千年左右，就已经开通了，并不是我们通常认为的是汉武帝派张骞出使西域以后才开通的。

第三，更重要的是，那些“丝路缣（jiān）片”雄辩地证明，距今三四千年以前，我们国家的商人专业户不仅已经诞生，而且他们的足迹已经一步一步地迈进了欧亚大陆的深处。那里可是我们即使坐火车从西安出发，也要花上好几天才能到达的地方啊！

我们可以想象，有一伙人，越过千山万水，穿过漫漫沙漠，不辞千难万苦，不惜冒着生命危险，靠着几匹马或者骆驼，甚至是一双脚，踏出了一条丝绸之路，从遥远的中原，把丝绸运到中亚，这伙人不是职业化的、以赚钱牟利为使命的商人专业户，又能是谁呢？

根据这个考古发现，再结合后面我们将要涉及的几个重要人物，我们基本可以认为，我国的商人专业户至少在夏朝晚期就出现了。

讲到这里，我们又遇到了一个问题。在我们的汉语中，为什么把办企业、经商的人叫作“商人”，而不叫别的什么人呢？

“商人”这个名称的由来，和商族部落以及后来的商朝有关。

众所周知，夏朝是我国历史上的第一个奴隶制王朝。夏朝的时候，在今天的山东省西南部，还有河南省东部一带，居住着一个部落，这个部落的名称，叫商。

商族部落的畜牧业比较发达，也很擅长做买卖，经常用他们的牲畜、毛皮等物品，与周围的部落开展贸易。由于做买卖、搞贸易，需要东奔西跑、走南闯北，对交通工具的需求也就最迫切。商部落畜牧业发达，商部落的人就用上了自己很擅长的调教牲口的技术，由此发生了史书上记载的“相土乘马”“亥作服牛”的故事。

“相土乘马”是怎么回事呢？相土是个人名，是商族部落的一个首领。据说，相土把马训练成了可以骑着跑的代步工具。人骑马，就是从相土开始的。相土的这个功劳，使他死后被尊为“马社”（也就是马神），每到秋高马肥的时候，人们都会祭祀他。

“亥作服牛”又是什么意思呢？亥也是商部落的一任首领，又叫王亥。现代发现的甲骨文，“核”“该”等字，说的都是王亥。王亥这个人可不简单，他不仅在商族部落的历史上很重要，而且在漫长的中国历史上也是一位了不起的英雄。传说就是他驯服了比马更难驯服的牛，用牛拉车。这就是所谓的“亥作服牛”。

可能会有朋友问：牛怎么会比马还难驯服呢？牛不是很老实、很温驯吗？要不然，我们形容一个人老实肯干，怎么会说他像黄牛一样呢？

牛，确实有它老实的一面，但是也千万不要忘了它还有发脾气的时候。看一看西班牙斗牛的场面吧，牛要是发起了脾气，那是非常可怕的！

驯服了马和牛，让它们拉车、跑运输，这是非常伟大的发明创造。在人类历史上，它的革命性意义也许并不亚于英国人瓦特发明蒸汽机。马的优点是速度快，牛虽然走起来慢慢腾腾的，但是牛的力气比马大，拉的东西也更多。王亥驯服了牛，用它拉车跑运输，相当于给车辆装上了马力更大的引擎，这在当时是非常先进的，对于交通运输业和商业的发展，贡献是相当的大。

但是王亥的命运却并不好，他最终在经商的过程中遭遇飞来横祸，被人杀死了。并且，还因为他的死，引发了中国历史上最早有文字记录的、因为贸易而引发的战争。

这里面有一段小故事。

王亥驯服牛以后，就挥舞着牛鞭，亲自赶着牛车走南闯北地做买卖去了。他把一车一车的毛皮等畜牧业产品运出去，再把外地的特产买进来，不长时间，就赚了大钱。

有一次，王亥赶着牛车向北越过黄河，来到了现在河北省中部易水河流域做买卖。这一带是北方的游牧民族——狄族的地盘，当时在这一带活动的是狄族的一个部落，叫有易氏。有易氏也搞一些贸易，不知何故，与王亥发生了贸易冲突。有易氏的头领看见王亥赶着牛车，他从来没有见过这种东西，感到无比新奇。他又见到王亥的牛车上装满了值钱的财宝，眼红极了，顿时起了图财害命的歹心，于是纠集族人，发动突然袭击，杀死了王亥，把他的牛车、货物还有随行的奴隶等全部抢走了。

王亥被杀的噩耗传回商族部落，全部落的男女老少都悲痛欲绝，因为王亥是带领他们发财致富的好领导啊！王亥的儿子上甲微更是怒不可遏，发誓要报杀父之仇。他带领着商族部落，与另一个叫河伯的部落联合起来，挥师北上，讨伐有易氏。经过几个回合的厮杀，终于打败了有易氏，打死了杀人凶手有易氏的首领，把有易氏整个部落的人俘虏来当奴隶，夺回了被抢劫的牛车等财物。

商部落和有易氏的这场战争，大概是我国历史上最早有记录的因为贸易而引起的战争。王亥则是我国历史上被文字记录下来的最早的有名有姓的生意人。

王亥被他的后代尊称为“高祖”，商部落以及商朝的每一任领导都要隆重地纪念他。有时候，一次祭祀就要杀掉三百多头牛。直到现在，河南商丘的人民还为他塑像，用以纪念。

为什么后人要隆重纪念王亥呢？当然是因为“亥作服牛”。他把牛驯服了，用牛拉车，对交通运输业有着莫大的功劳。到了春秋战国的时候，随着铁制农具的使用，牛又被套上缰绳拉犁，这对于农业的作用就更大了。我们的祖先之所以创造辉煌灿烂的农业文明，和牛耕有直接关系。而且直到今天，我们还能经常见到老牛拉犁的景象。

王亥为什么能够取得如此大的成绩呢？我认为，原因大概是王亥身上有两个非常宝贵的精神：第一个是创新，第二个是勇敢。

所谓创新，就是驯服了牛，这是前无古人的一个伟大创举，足以与瓦特发明蒸汽机的功绩相媲美。

所谓勇敢，就是敢于尝试前人没有做过的事情，敢于冒着风险，亲自赶着新式的牛车外出经商。这就好比冯如试飞自己新制造的飞机一样。

所以，人们之所以崇敬王亥，是因为他身上有这样两种非常可贵的精神。

到了王亥的七世孙汤当领导的时候，商族部落的势力更加壮大了。这个时候的商族部落，不仅商业贸易范围更广，而且农业、手工业也有了很大发展。

在商汤的领导下，商族部落的实力蒸蒸日上，但是夏朝却在夏桀的残暴统治下，日益腐朽没落。夏桀这个人在历史上知名度很高，因为与后来的商纣王一起，都是暴君的代表。

夏桀刚登上王位的时候，很多部落都已经不再服从夏朝，纷纷闹起了独立。夏桀就穷兵黩武，东征西讨，以显示他的权威和武力。一些弱小的部落打不过他，被迫向他进贡金银财宝、美女佳人。夏桀得到了财宝、美女，就不再四处打仗了，整天在家里酒色笙歌。

夏桀在王宫里挖了一个巨大的人工湖，里面不是水，而是灌满了酒，谓之酒池。这个酒池无比巨大，据说在里面可以荡开小船。夏桀又在都城外建造行宫，占地方圆十余里，中间修了一座瑶台，高达十余丈，全是用洁白的玉石砌成的。夏桀的大肆挥霍，可把老百姓害苦了，搞得民不聊生、怨声载道，老百姓对夏桀恨之入骨。有一天，夏桀登上瑶台，俯瞰大地，得意忘形地说："我，是天上的太阳，要永远高高在上，享受这荣华富贵。"老百姓听他这样说，肺都气炸了，不敢公开议论，就暗中诅咒说："时日曷丧？予及汝偕亡。"（《尚书·汤誓》）你这个可恨的太阳啊，你什么时候灭亡啊，我们宁愿和你同归于尽！

商汤见夏桀不得人心，就悄悄扩充势力，做起了消灭夏桀的准备。他广施仁德，得到了广大百姓和很多部落的拥戴。

特别值得注意的是，商汤除了运用政治和军事手段外，还采取贸易战的手法，削弱夏朝的力量。据说夏桀的王宫里从各地搜罗来的年轻女子多达上万人，夏桀让她们个个都要身穿罗绮锦绣，打扮得花枝招展。一万人，那可不是一个小数目！更重要的是，每个人，总不能一年到头，只穿一件衣服吧？春夏秋冬，季节转换，夏天有夏衣，冬天有冬装，春秋也要换洗一下，所以每个人，至少需要好几套，甚至是几十套衣服。这样算下来，光是这些年轻女子，就得好几十万套衣服。因为高级锦绣的需要量太大，所以价格一路上涨。

商汤见有机可乘，就组织本部落内的妇女，加班加点，赶制了一批又一批的高级锦绣卖给夏朝。还从各地采购来了种种珍宝奇玩，也卖给夏朝。交易时，不要别的，只要粮食。

这种贸易战收到了很好的效果。不久，夏朝就被搞得粮食短缺，国库亏空；而商汤的物资充裕，国力强盛。

商汤见灭夏的时机成熟了，在公元前1600年，亲自带兵消灭了夏朝，建立了商朝。

商朝建立以后，立国600多年，商业贸易得到了更加长足的发展。

我们知道，商朝后来又被周朝推翻了，上至王公贵族，下到平民百姓，都变成了周朝的奴隶。商朝的遗老遗少（特别是他们的王公贵族）过惯了养尊处优的日子，不会种地，也没有什么手艺，只好依靠祖上留下来的老传统——到处跑买卖谋生。于是，做生意、跑买卖，就成了商朝遗老遗少的主要职业，而在周朝，以做买卖为职业的，也多数是这些商朝人。

本来，商人指的是商族人或者商朝人，就像汉朝人被称为“汉人”、唐朝人被称为“唐人”、宋朝人被称为“宋人”一样。但是，无论是商朝建立以前，还是商朝灭亡以后，由于商族人都主要以做买卖为职业，而且经商的技艺高超。久而久之，商人就成了买卖人的代名词。跑买卖、做生意的人，也就被统称为“商人”了。

这，就是汉语中“商人”这个名词的由来。

现在，我们之所以把用于交换的东西称为“商品”，把专门从事做买卖赚钱的行业称为“商业”，就是从“商人”这个词沿用而来的。

总之，商人、商品还有商业，都与商朝有着直接的历史渊源。

我们这一章讲的赶着牛车跑买卖的王亥，以及与夏朝搞贸易战的商汤，都是部落首领，或者说，都是高高在上的大奴隶主。但是，随着社会的进一步发展，一些原来生活在社会下层的小商、小贩，也在新的历史机遇中，脱颖而出，大显身手，开创了一个商人治国的新时代。

第二章　贩夫治国

我们知道，《史记》的《货殖列传》，是司马迁专门为工商业者,或者说经营产业的企业家写作的传记。《货殖列传》里面，司马迁总共提到了 52 个人物。这 52 个人物当中，司马迁最先讲到的一个人，是商朝末年西周初年的姜子牙。

在中国，姜子牙是知名度很高的政治家，但是，司马迁为什么要在专门为商人树碑立传的《货殖列传》里，最先提到姜子牙呢？姜子牙和工商业有什么关系呢？

一、“姜太公钓鱼”的秘密

姜子牙，名姜尚，子牙是他的字。又因为他的祖先曾经被分封到一个叫吕的地方，古人有以地名为姓的，所以又叫吕尚。

一提起姜子牙，人们首先想到的，大概就是“姜太公钓鱼，愿者上钩”的故事啦。姜子牙一出手，就钓到了一条大鱼，这就是周族部落的首领姬昌，即后来的周文王。从此，姜子牙就辅佐周文王以及周文王的儿子周武王，消灭商朝，建立了周朝。

但是，姜子牙究竟是怎么结识周文王的？历史上却有不同的说法，司马迁的《史记》就记载了三种。

第一种说法，就是大家所熟悉的“姜太公钓鱼，愿者上钩”的故事。《史记·齐太公世家》说：“吕尚盖尝穷困，年老矣，以渔钓奸周西伯。”意思是说，姜子牙曾经很贫穷，穷困潦倒，年纪一大把了，头发都熬白了，还没有熬出头，就利用钓鱼的机会，见到了周文王，继而为他所用。

第二种说法是，姜子牙年轻的时候就博学多才，曾经在商朝做过官，甚至还在商纣王身边干过，也算是中央干部了。但姜子牙眼见商纣王宠信妲己，荒淫无耻，暴虐无道，朝政黑暗，姜子牙就愤而辞官，流落江湖，到处周游列国。可是所到之处，一直也没有碰到赏识他的人，最后就投奔了周文王。

第三种说法是，姜太公原来是平民百姓，隐居在海边。周文王很能干，也很贤明，引起了商纣王的猜忌，被商纣王抓了起来，囚禁在一个叫羑里的监狱里。有几个江湖豪杰，认为周文王是天下少有的贤明之人，这样被关下去实在可惜，就组成了一个民间的营救班子，策划搭救周文王出狱。这个班子里面，有一个人，就是姜子牙。姜子牙他们搜罗了很多美女财宝，献给商纣王，商纣王龙颜大悦，就把周文王放了出来。从此以后，姜子牙也就追随了周文王。

司马迁在写完了这三种说法之后，紧接着说："言吕尚所以事周虽异，然要之为文武师。"（《史记·齐太公世家》）意思是关于姜子牙投奔周文王的说法虽然很多，各种说法也不一样，但他后来担任了周文王、周武王的师傅却是没有问题的。

也就是说，在司马迁写《史记》的时候，关于姜子牙是怎么认识周文王的，至少流传着这样三种说法，究竟哪种说法对呢？司马迁也拿不准，于是，就把它们都照单记录下来了。

这三种说法，哪种说法比较靠谱呢？我个人还是愿意相信“钓鱼”的说法。

这不仅仅是因为这种说法大家都知道，司马迁也把这种说法放在第一位，说明司马迁似乎也认为这种说法的可能性更大一些。更重要的是，我认为这种说法更加符合姜子牙的经历。

话说现在陕西省的境内有一条河，叫作渭水，是黄河的支流。商朝末年的时候，有一天，来了一个头发花白、胡子银白的老人，在河边专注地钓鱼。这个老人看上去有七十岁了，他钓鱼的办法很特别。别人钓鱼，鱼钩都是弯的，而他手中的鱼钩却是直的，就好像一根针一样。而且最让人惊讶的是，鱼钩上居然没有鱼饵。更加“雷人”的是这个直的、连鱼饵都没有的鱼钩，他还不放进水里，而是悬在半空中，口里还喋喋不休地念叨着：“负命者上钩来”“负命者上钩来”。啥意思呢？意思是说，不要命的，就来上钩吧！这个老人，就是后来大名鼎鼎的姜子牙。

人们看到他这副怪模样，都觉着很滑稽、很可笑，纷纷议论道：这个人啊，不是一个疯子，就是脑子进水了。这么一个搞笑的人、搞笑的举止，引得很多人都跑来看热闹，大家都觉得很滑稽、很可笑，于是，这个可笑的人就在当地一传十、十传百地传开了。

渭水一带，是周族部落的地盘。当时周族部落的首领姓姬，名叫姬昌，后来被尊称为周文王，他是一位非常贤明的领导人。他见商纣王暴虐无道，就积极发展势力，广招人才，准备推翻商朝。

周文王广招人才的办法和别人不一样。他不只是大肆宣传，等着人才上门，而是主动下基层，深入民间，寻访人才。

有一天，周文王访求贤才，来到了渭水边，听说了直钩钓鱼的怪事。他认定这位老者不是凡人，就在渔夫们的指点下，找到了姜子牙。周文王和姜子牙一聊，果然发现姜子牙谈吐不凡，极有见识。

周文王非常高兴，说："我听我的祖父讲，'将来一定有非凡的圣人到我们这里来，他一来，我们将托他的福而兴盛'。您老人家大概就是我们天天想、夜夜盼的那个人吧？"于是周文王就把姜子牙拜为军师，尊称他为"太公望"。意思是我们所期望的老人，或者说能够给我们带来希望的老人。后来，人们之所以叫姜子牙为“姜太公”，就是从“太公望”这个称呼来的。

姜子牙确实是一个满腹经纶、博学多才的人。但是，既然周文王求贤若渴，姜子牙也想投奔他，那么姜子牙来一个毛遂自荐，直接求见周文王不行吗？为什么他偏偏要跑到河边，用直钩钓鱼这样的怪招，来吸引周文王呢？

这应该与姜子牙的出身，还有他早年的经历有很大关系。

姜子牙早年是干什么的呢？不少文献都说姜子牙是一个平民百姓，曾经在商朝的首都朝歌，当过小商小贩，甚至还干过杀猪、宰牛之类的杂活。

例如，屈原《离骚》说：“吕望之鼓刀兮，遭周文而得举。”吕望，就是姜太公。“鼓刀”，就是挥舞着屠刀，杀猪、宰牛。屈原的这两句话是说，姜子牙曾经当过杀猪、杀牛的屠夫，虽然身怀绝技，但是怀才不遇，直到遇见了周文王，才得到重用。

但是，另外一些材料和屈原的说法不太一样。《尉缭子·武议》则说：“太公望年七十，屠牛朝歌，卖食盟津，过七年余而主不听，人人谓狂夫也。”按照这个说法，姜子牙不仅在朝歌当过杀猪、宰牛的，也在盟津摆摊卖过吃的。年过七十，还没有得到君主的任用，许多人都说他是放荡不拘的人。

另外，《盐铁论·颂贤》：“太公之穷困，负贩于朝歌。”“负贩”，就是背着东西，走街串巷，做小买卖。

这三种说法，究竟哪种说法对呢？我们也难以确定。恐怕，这些活儿，姜子牙很可能都干过。这些事情虽然略有差别，但总的来说，都是属于小商小贩，性质都差不多。

姜子牙满腹经纶、博学多才。按我们今天的想法，他有那么大的本事，如果稍微用点心，应该不愁发不了大财。可是他为什么长期穷困潦倒呢？这既有客观原因，也有主观原因。

就客观原因来说，夏、商、周三朝是奴隶制王朝，当时在工商业方面，实行的是“工商食官”的制度。所谓“工商食官”，就是大规模的手工业商品生产是被奴隶主贵族把持的，大规模的商业贸易也是被奴隶主贵族控制，事实上也只有奴隶主贵族才有财力来经营大规模的商品生产和商业贸易。平民百姓要想从事工商业，只有两条路可走。一条路是投靠奴隶主，供他们驱使，充当为奴隶主赚钱的工具。另一条路是从事奴隶主不屑于干的小商小贩，赚一点儿蝇头小利。“工商食官”是当时的制度，姜子牙本事再大，也没有办法改变这种社会制度，所以只能赚点小钱了。

就主观原因来说，姜子牙的志向不是个人发财致富，而是有着远大的政治抱负，一直想着投身政治，干一番轰轰烈烈的大事业。但是，商朝末年，政治黑暗，上有昏君当国，下有奸臣当道，姜子牙不愿意与这些昏君奸臣同流合污。结果，头发都熬白了，也没有遇到施展才华的机会，只好流落民间受穷了。

姜子牙之所以在投奔周文王的时候，不直接毛遂自荐，而是用直钩钓鱼的怪招，与他的经历有关，大致有两点。

第一，他是小商小贩出身的平民百姓，又是从外地来的，可能找不到求见周文王的途径。用直钩钓鱼的怪办法，可以吸引人们的眼球，进而引起周文王的注意。这是典型的商业营销策略，商人出身的姜子牙应该是深谙此道的。即使在今天的信息社会，采用出人意料、给人以强烈感官刺激，让人深刻印象的宣传手段，依然是商业营销的重要方式。比如，电视上两个卡通小人，一边扭一边唱："今年过节不收礼啊……"这类广告，与姜太公钓鱼是一脉相承的。

第二，也是更重要的一点，姜子牙还需要试探一下周文王。当时社会上都说周文王是一个礼贤下士的英明君主，但究竟是不是呢？姜子牙没有和他打过交道，心里没底。

在古代，有本事的人投奔好领导，是一个双向选择的过程。这种双向选择，实质上和做买卖也差不多。对于君臣关系的这种本质，后来的法家认识得很透彻。比如《韩非子》就一针见血地说："且臣尽死力以与君市，君垂爵禄以与臣市。君臣之际，非父子之亲也，计数之所出也。"（《韩非子·难一》）意思是说，臣子把性命和能力卖给君主，君主则拿高官厚禄与臣子交换。君臣之间，没有父子的血缘之亲，也没有兄弟的手足之情，这两种人凑到一起，完全是互相盘算利害得失、互相交易的结果。"计数"就是互相计算利害得失。

古代还有这样的说法："良禽择木而栖，贤臣择主而事。"什么样的人是"贤臣"呢？就是有本事、有道德、有抱负、讲原则的人。"贤臣"是只有"明君"才肯投奔的，绝不能把自己随随便便就贱卖了，更不会随随便便逮住谁就卖给谁。要尽量卖出一个好价钱，要尽量卖给一个好客户。所谓的好价钱，也就是受到重视、得到重用。所谓的好客户，就是所谓的"明君"。

那么，究竟什么样的人属于"明君"呢？对"明君"的考核指标可能有很多，但是能不能认识人才的价值、懂不懂得尊重人才，无论如何都是"明君"的重要条件。

对于"贤臣"来讲，究竟怎么知道买主是不是尊重人才的"明君"呢？这就需要观察一番，考验一下，必须看看买主识不识货。眼见为实，光凭别人说是靠不住的。

姜子牙用直钩钓鱼，其实是在待价而沽。主要是想试探、考验一下周文王这个目标客户究竟识不识货。周文王的态度以及对他的重视程度是否与自己的才干相称？能不能给他提供施展才华的平台？也就是说，姜子牙要判断周文王究竟是不是他理想的买主，值得不值得把自己卖给他。

很显然，虽然姜子牙做小商小贩一直受穷，但是长期的小商贩的经历，却使他积累了丰富的商业经验，使他具备了独特的商人智慧。如果没有丰富的商业经验，没有独特的商业智慧，姜子牙是想不出钓鱼怪招的。姜子牙的做法，影响了后来的很多富于智慧的政治家。诸葛亮等着刘备三顾茅庐，他的意图，不是与姜子牙如出一辙吗？

总之，“姜太公钓鱼”，就是一个要把自己的聪明才智推销出去，在打出了很吸引人眼球的广告之后，等着买主上门，并且要考验一下这个买主是否理想的故事而已。这个故事从头到尾，都反映了商人的智慧。

但是，姜子牙的这种“愿者上钩”的推销策略，有没有风险呢？当然有了。如果周文王不识货，看不懂钓鱼背后的潜台词，姜子牙这一招可能就不灵了。或者说，即使周文王求贤若渴，但是他坐在家里等着人才送货上门，而不是主动下基层，寻访贤才，姜子牙钓鱼的信息可能就传不到周文王的耳朵里了，姜子牙的鱼钩可能也就钓不到周文王了。这样一来，其怪招不就失算了吗？

确实有这些问题。但是，这又有什么关系呢？姜子牙是一个商业经验非常丰富的人，他岂能不懂得做买卖的道理呢？这一招不灵，还可以换别的招啊。如果这一招、那一招地试来试去，把所有的招数都试完了，仍然碰不上识货的好买主，只能说市场形势不好。要知道，市场形势从来都是有好有坏的。市场形势低迷的时候，好东西就是卖不出好价钱，人参也可能吆喝成萝卜的价格。市场形势混乱的时候，垃圾也能被炒上天，绩优蓝筹股反而没人问津。尽到了最大努力，仍然找不到好买主，只能说明市场形势糟糕透顶。人，生不逢时；物，难尽其用。这个时候，知难而退，或者大隐隐于市，又何尝不是商人的大智慧呢？

二、子牙创业

不过，姜子牙的运气还是不错的。他立志投身政治，虽然起了一个大早，赶了一个晚集，但是他最后赶上的市场形势还是不错的，终于找到了周文王这个识货的好买主。

周文王对姜子牙言听计从，姜子牙也显示了经天纬地的卓越才干，立了很多功劳。司马迁说："周西伯昌之脱羑里归，与吕尚阴谋修德以倾商政，其事多兵权与奇计，故后世之言兵及周之阴权皆宗太公为本谋……天下三分，其二归周者，太公之谋计居多。"（《史记·齐太公世家》）意思是说，周文王被商纣王从羑里监狱释放回家之后，就与姜子牙悄悄地谋划施行德政，积极准备推翻商朝的政权，这些谋划大都是用兵的权谋和奇妙的计策，所以后世研究用兵之道以及周王朝使用的权术，都说姜子牙是主要的谋划者……还在周文王在世的时候，就已经三分天下有其二了，这大都是姜子牙的功劳。

周文王死后，周武王继位，把姜子牙尊为“师”，并称之为“尚父”，这种称呼是什么意思呢？这和现在的“干爹”差不多，说明周武王对姜子牙尊重到了极点。

后来，姜子牙辅佐周武王灭了商纣王，建立了周朝。

如果说，我们之前讲过的商朝的祖先王亥是有史以来第一位有名有姓的商人，那么，姜子牙就是有史以来第一位以小商贩的身份参政议政并获得巨大成功的人。

周朝建立以后，采取了“以亲屏周”的政策，就是把王室亲戚、功臣等分封到各地当诸侯，建立诸侯国，来保卫周朝。周天子的本家近亲分封到的，都是比较富裕、战略地位比较重要的地方。

姜子牙作为功臣，也被分封了。他被分封到了哪里呢？被分到一个叫营丘的地方，国号叫齐。

营丘这个地方，现在是山东省临淄，现在的经济比较发达了，但是，在周朝初年的时候，这一带却是非常偏远、荒凉、落后、没有得到什么开发的欠发达地区。司马迁就说：“太公望封于营丘，地潟卤，人民寡”。（《史记·货殖列传序》）就是营丘这个地方靠海，土地全都是低洼的盐碱地，不长庄稼，此地人口也很少。

而且，齐国这个地方与别的封地相比，还有一点儿不同，就是因为它地处偏远，当时还没有纳入周朝的势力范围。周朝只是发给了姜子牙一张委任状，在地图上画了一个圈，告诉他：老姜啊，这个圈里的地方将来叫齐国了，是你的领地了，你就是齐国的首脑了，如此而已。虽然名义上是把齐国封给姜子牙了，但实际上还得靠他自己的力量去搞定。

总之，新诞生的齐国，在各个方面都要从头开始创业。姜子牙之所以分封的地方不太理想，可能是周朝重视血缘关系的“宗法制度”造成的，姜子牙功劳虽大，却不是周天子的自家人，只好往后排了。

所以，接到这样的任命，姜子牙心里可就老大不高兴了。他想：我功劳那么大，却把我分到了那么偏远、落后的地方，这是不是有点儿亏待我啊？他这样想着，就发生了一个有趣的小插曲。

原来，姜子牙在去往齐国的路上，快走到营丘的时候，他越想越觉着丧气，就住在途中的旅店里，磨磨蹭蹭，好几天不肯上路。到了晚上，早早就睡下了。旅店掌柜的看见他这副模样，就说：“吾闻时难得而易失。客寝甚安，殆非就国者也。”（《史记·齐太公世家》）意思是说，我听说时机难以得到却容易丧失，客官睡得这样安稳，大概不是去封国就位的人吧？

真可谓是一语惊醒梦中人啊。姜子牙一听这话，顿时意识到，自己的做法，不是跟自己过不去吗？所以立即翻身起床，穿上衣服，带上随行人马，连夜赶路，快马加鞭，天亮时分，就赶到了营丘。

说来也巧，正好赶上莱夷人的头领带兵前来争夺地盘。姜子牙指挥手下人立即投入战斗，经过一番厮杀，打退了莱夷人，算是在属于自己的土地上站稳了脚跟。

但是，更大的考验摆在了姜子牙的面前，这就是必须尽快想办法改变荒凉落后的经济面貌，这个考验，比军事和政治考验更加严峻。

姜太公毕竟是姜太公，别看姜子牙当小商贩的时候，为自己赚钱谋生，他的经营业绩并不理想。但在当了国家一把手，为国家发展经济的时候，他却做得非常出色。

他在齐国都具体做了哪些事呢？《史记》记载说："因其俗，简其礼，通商工之业，便鱼盐之利。"（《史记·齐太公世家》）意思是顺应当地的风俗习惯，简化礼仪制度，从实际出发，不搞花架子，利用当地的渔业、盐业资源，来发展工商业。

显然，采取这样的政策，是姜子牙注意对客观环境进行调查分析的结果，也和他的商业经历有很大关系。

前面说过，齐国地区因为靠海，地势低洼，土地盐碱化很严重，不适宜粮食生产，所以经济落后，人烟稀少。

这样的自然条件，要硬去发展农业生产，显然是不合实际的。

然而任何事情都有两面性，没有绝对的好事，也没有绝对的坏事。靠海、盐碱地多，固然不利于发展粮食生产，但是为发展渔业、盐业生产，提供了得天独厚的条件。

特别是制造海盐的技术，齐国就拥有比其他沿海地区还要独特的优势。为什么这样说呢？因为这里是最早发明制造海盐技术的地方。东汉许慎《说文解字》：“古者宿沙初作煮海盐。”宿沙氏，又叫夙沙氏，传说是炎帝神农氏时候的一个诸侯，活动地点就在今山东省胶东半岛，恰好就是齐国的地盘。

古代煮海盐的办法是，把海水反复洒在细沙上，让太阳曝晒，洒了晒，晒了洒，反复多次，海水中的盐分就凝结在细沙中了。再把细沙浸泡在海水里，把盐分稀释出来，就制成了卤水。最后，用柴火煎熬卤水，就得到盐了。

因为传说宿沙氏发明了这项技术，所以，后来的盐商一直把宿沙氏奉为始祖。清代的时候，江苏省的苏州、泰州等地是淮盐的主要产地和批发市场。盐商云集，他们在当地建设宗庙，宗庙里面供奉的就是宿沙氏。

齐国既有地理优势，又有技术优势，所以姜子牙发展盐业生产是很有成效的。

盐是人生存的必需品，无论什么人，不管有钱还是没钱，都得吃盐，家家户户离不开盐，一日三餐少不了盐，所以，盐的市场很大，自古以来，卖盐就是非常赚钱的行当。有了钱，商业贸易发展了，还愁买不到粮食吗？所以，发展盐业、渔业生产，进而发展商业贸易，是姜子牙搞好齐国经济的主要办法。

除了利用自然资源发展盐业、渔业生产，姜子牙还因地制宜，发挥人的作用，发展纺织业。《史记·货殖列传序》说："太公劝其女功，极技巧。""女功"就是纺织，还有刺绣、缝纫、编织等生产，由于这些工作主要是妇女从事的，所以古代叫"女功"，又写作"女红"（红色的红，在这里不念红，而念功 gōng）。姜子牙号召广大齐国妇女开展纺织业，而且特别值得注意的是，不光追求数量，还特别强调"技巧"。"技"就是提高技术水平，"巧"就是精美、质量高。"极技巧"三个字，就是把纺织技术和产品质量都做到了极致，达到了当时登峰造极的地步。齐国的纺织品这样好，要想不受消费者的欢迎恐怕都不容易！

直到今天，山东的刺绣、编织等工艺仍然很发达。我国的四大名绣之一就有鲁绣。鲁绣是什么时候开始的呢？如果把它追溯到三千年以前的姜子牙的时代，应该是没有问题的。虽然姜子牙并不一定亲自动手搞刺绣，但他的政策，却催生了这项技术。

姜子牙号召齐国妇女发展纺织业，是一个了不起的创举。为什么说它是一个创举呢？有两点。

第一点，自从人类社会从母系氏族进入父系氏族以后，广大妇女同胞就退出了主要生产者的行列。当时主要的生产部门，是打猎、采集，还有后来发展起来的农业，这些劳动（特别是田间劳动）需要更加强壮的体力，这时候男子汉们就有了天然的优势。女同胞只好退居二线了，主要在家里从事家务劳动，还有纺纱、织布等。因此，父系社会在经济上的标志，一是男子汉挑大梁，女同胞退居二线；二是男耕女织，纺织属于副业生产，由妇女承担，从属于农业。姜子牙在齐国，把纺织业作为比农业还重要的主要经济部门，从副业变成主业，又把原来退居二线的女同胞动员起来，成为生产的主力军。副业变主业，配角变主角，难道说这不是一个了不起的创举吗？

第二点，动员女同胞发展纺织业，就很好地发挥了人的主观能动性，有效地克服了自然条件的限制。齐国盐碱地多，不适宜种庄稼，但是并不妨碍种植桑麻等纺织原料。有了原料，再加上人，就可以搞纺织业了。纺织业不仅克服了土地的限制，也克服了季节、时间、地点的限制。比如说，无论是夏天，还是冬天；无论是白天，还是晚上；无论是院子里，还是炕头上，都可以纺纱、织布、绣花、编织，这就使得劳动力的利用效率，发挥到了最大限度。

由于政策到位，人民勤劳，经过十几年励精图治，齐国的经济面貌就发生了翻天覆地的变化。《史记·货殖列传序》说："太公望封于营丘，地潟卤，人民寡，于是太公劝其女功，极技巧，通鱼盐，则人物归之，繦至而辐凑。故齐冠带衣履天下，海岱之间敛袂而往朝焉。"意思是说，姜子牙鼓励齐国妇女开展纺织、缝纫、刺绣、编织等生产，并且提高了她们的技术水平，提高了她们的产品质量，还发展盐业和渔业的生产和贸易。结果，别处的人民听说齐国的经济发达了，都络绎不绝地背着婴儿投奔齐国，就像车的辐条汇聚到车轴一样，从四面八方迁到齐国来了。齐国的产品则畅销天下，各国人民都穿戴齐国出产的衣服、鞋帽，当然还吃齐国出产的鱼、盐。从东海到泰山之间的诸侯们，见齐国在盐碱荒滩上迅速崛起，不由得肃然起敬，也都纷纷整理起衣袖，恭恭敬敬地到齐国朝见，表示服从齐国的指挥。

大家知道，人是第一生产力，特别是在古代的劳动密集型产业中，人的作用就更大了。齐国的经济搞上去了，吸引了四面八方的老百姓扶老携幼，纷纷向齐国移民，齐国的经济就更加发达了。

齐国就这样从一个贫穷落后的欠发达地区，一跃成为既富又强的大国。

姜子牙的成功经验，突出表现在三个方面。

第一，因地制宜，扬长避短。在中国经济史上，周朝是农业经济发展的重要阶段，周部落很早就以农业为主。这更显得姜子牙发展工商业之可贵。

第二，工商并举，生产先行。通过发展商品生产，来发展商业贸易。姜子牙的商业，不是单纯地倒买倒卖，而是以发达的商品生产做后盾。在实体经济发展的基础上，在物资财富增加的条件下，发展流通贸易。这就使商业贸易有了可持续发展的坚实基础。

第三，创新技术，注重质量。在纺织业中，这个特点尤其突出。

姜子牙的这些做法，实现了齐国的富强。其实这些经验，无论在什么时候，也不管在什么地方，都是屡试不爽的成功之道。

姜子牙，这个小商小贩出身的人，靠着自己特有的商业智慧，一辈子就干成了两件大事。一件大事是协助周文王、周武王消灭商朝，创立了周朝；另一件大事是缔造了存在时间长达八百年之久的齐国，并且为齐国奠定了富强的基础。

这两件大事，都是属于开天辟地的伟业，而且都是姜子牙在过了退休年龄之后干成的。我们看看姜子牙吧，谁敢说“小商贩”就没有“大出息”啊？又有谁能说，创业的舞台只是属于年轻人的？老年人就和创业不沾边呢？

姜子牙去世三百年以后，还是在齐国，又一个小商小贩出身的人，靠着自己的聪明才智，在中国的政治舞台上大显身手。

他是谁？他干了些什么？

第三章　管鲍之交

现在，人和人之间，什么样的关系最铁呢？现在社会上流传着这样一个顺口溜，叫作：“一起同过窗的，一起下过乡的，一起扛过枪的。”就是说，同学关系、同乡关系、战友关系，或者说有过同甘共苦经历的人，往往容易成为好朋友。

历史上的春秋时代，有这么两个人，也曾经一起同过窗、一起扛过枪。然而，使得他们成为好朋友的，却不是因为这些，而是因为他们一起经过商。

这两个人是谁呢？这两位在历史上的名气都很大，就是大家都很熟悉的管仲和鲍叔牙。他们的朋友关系，在我国历史上，是一个千古传颂的佳话，被称作“管鲍之交”。

管仲是春秋前期最著名、成就最大的政治家，他辅佐齐桓公长达四十多年，使齐桓公成为春秋五霸中的第一个霸主。司马迁在《史记·货殖列传》里称赞他“九合诸侯，一匡天下”，意思是管仲多次助齐桓公集合诸侯，主持盟会，把天下纳入正确的轨道。

管仲为什么能够取得如此大的成就呢？首先当然，是他个人才能卓越。但是个人的力量终究是有限的。俗话说得好：一个篱笆三个桩，一个好汉三个帮。管仲之所以能够建立如此大的功业，就是因为自始至终都得到了他的好朋友鲍叔牙的帮助和支持。甚至完全可以说，没有鲍叔牙，就没有管仲。

不过，管仲和鲍叔牙辅佐齐桓公称霸，是后来的事了。在他们年轻的时候，他们都没有投身政治，而是当过多年的商人。

一、三大考验

管仲的祖上，据说曾经是贵族，但是传到他这一辈的时候，早就家道败落了。管仲很小的时候，父亲就去世了，管仲和老母亲相依为命，日子过得非常艰难。

鲍叔牙和管仲是同乡，鲍叔牙比管仲大两岁，家境比管仲要富裕些。两个人从小在一起玩耍、读书，拿北京话来说就是“发小”，或者像南方人所说的属于“开裆裤的朋友”。

管仲和鲍叔牙为什么要去经商呢？司马迁在《史记·货殖列传》里说：“用贫求富，农不如工，工不如商，刺绣文不如倚市门，此言末业，贫者之资也。”意思是说，搞工商业，赚钱要比农业相对容易些。妇女在家里织布、绣花，不如到市场开一个小店赚钱。所以，从事工商业，是当时的穷人们脱贫致富的捷径。管仲家里穷得叮当响，为了脱贫致富，就和鲍叔牙合伙经商做买卖。

“管鲍之交”之所以能够成为“管鲍之交”，并不是因为两个人儿时的感情基础，而是因为两个人在经商做买卖的过程中，经受住了三个重大考验。

哪三个重大考验呢？

第一个考验，多拿多占。

《史记·管晏列传》，记载了管仲的一段回忆。原文是这样说的：“吾始困时，尝与鲍叔贾，分财利多自与，鲍叔不以我为贪，知我贫也。”

什么意思呢？意思是说，管仲早年穷困，和鲍叔牙一起去做买卖，赚了钱分红的时候，管仲拿走的部分，常常要比自己应该得的部分多很多，比如赚了一百块钱，管仲按规定应该拿五十块钱，他却故意拿六十、甚至七十块钱。“分财利多自与”，其中的“多”，既是指拿的数量多，也指拿的次数多，总之是管仲经常多吃多占的意思。

管仲的这种做法，有人看不下去了，对鲍叔牙说：“你看那管仲，回回都占便宜，真是太不够意思了！”鲍叔牙却微微笑了笑，说：“你们不知道，管仲家里穷，又有老母在堂，他需要钱，就让他多拿点吧。”

鲍叔牙并不觉着管仲是贪财可恶，而是非常理解他，知道他是因为家境贫寒，更需要金钱。

根据经济史学家们的研究，管仲和鲍叔牙两个人搞的，可以说是我国历史上有文献记载最早的合伙制企业。现在非常普遍的股份公司制度，就是从这种合伙制发展起来的。

合伙制，是中小商人最常用的经营方式。人们为什么搞合伙制呢？目的主要有两个：一个是可以增强资本实力，扩大经营规模。单个人的钱，数量有限，只能做些小买卖。大家一合伙，钱就多了，就可以把买卖做得更大。另一个是降低经营风险。一个人单干，赚钱赔钱都是自己扛着。搞了合伙，就能够分散风险。什么道理呢？比如说，一个买卖，需要一千块钱的本钱，如果我一个人单干，赚了钱当然是我一个人获益。但是一旦赔了钱，这一千块钱可能就全部砸进去了。经商做买卖，从来就没有只赚钱，不赔钱的。风险与收益同在。为了降低风险，可以搞合伙。例如，两个人一块干，我可以只出五百块钱，另一个合作伙伴也出五百块钱，可以利益共享，风险共担。赚了钱，可以一块儿分红，而一旦赔了，即使全赔进去，遭受损失的也只是这五百块。

从具体情况来看，管仲和鲍叔牙两个人可能既出资也出力，不光当股东，还要干活当伙计。拿经济学的术语来说，属于一种“劳动与货币资本联合”的合伙制。

但由于鲍叔牙的经济条件比管仲的好，所以，鲍叔牙出的本钱可能更多些，管仲出的本钱要少些，甚至也可能一点儿本钱也没有。这种情况下，如果赚了钱，按照常规，鲍叔牙是应该拿大头的，至少是应该多分一些的。结果，管仲却总是死乞白赖地回回都要多拿。

这种事，要是搁在一般人身上，早就没办法忍受了。即使忍受，一回两回还可以，次数多了也一定受不了。

为什么受不了呢？道理很简单，人们要搞合伙，不就是为了扩大资金规模，多赚些钱；降低经营风险，少受点损失吗？否则的话，自己一个人单干也完全可以啊！为什么要与别人合伙呢？现在可好，不仅没有多赚钱，反而多损失了钱。

但是，鲍叔牙忍受了。

在经商做买卖的时候，鲍叔牙对于管仲的多拿多占，不仅容忍，而且很理解，这是“管鲍之交”所经受的第一个考验。

我们再来看“管鲍之交”所经受的第二个考验：越办越糟。

这个考验，仍然是两个人合伙经商做买卖时发生的。

据司马迁的《史记·管晏列传》记载，管仲说：“吾尝为鲍叔谋事而更穷困，鲍叔不以我为愚，知时有利不利也。”意思是我曾经为鲍叔牙办事，结果越办，鲍叔牙越穷困，但鲍叔牙并不觉得我愚蠢透顶，他知道这不是我主观不努力，而是客观条件造成的。常言道：谋事在人，成事在天。“天”是什么？就是时机、机遇。时机有时有利、有时不利。时机不利的时候，人是无能为力的。鲍叔牙懂得这个道理，所以他很理解管仲，并没有横加指责。

管仲没有说他为鲍叔牙办的是什么事，但既然他办来办去让鲍叔牙更穷了，我们可以推想大概是管钱管物的事，依然和经商做买卖有关。

管仲帮着鲍叔牙经营买卖，他不管还好，越管，鲍叔牙反而越赔钱。鲍叔牙没有抱怨他无能，反而非常理解他，这是一般人难以做到的。这是第二个重大考验。

“管鲍之交”经受的第三个重大考验，叫作“负贩受辱”。

这个考验还是跟两个人合伙经商做买卖有关。

《说苑·复恩》记载，管仲曾说：“吾尝与鲍叔负贩于南阳，吾三辱于市，鲍子不以我为怯，知我之欲有所明也。”意思是两人曾经背着东西到南阳做买卖，大概因为管仲和鲍叔牙是外地来的，当地人欺生，经常欺负侮辱他们。管仲在市场上每次受到别人侮辱之后，都忍气吞声，不敢与别人计较。有人议论说：管仲真是一个胆小怕事、没有骨气的窝囊废！但是，鲍叔牙却并不这样认为，他认为管仲不是胆小怕事，而是好汉不吃眼前亏，小不忍则乱大谋。为什么管仲不吃这个眼前亏呢？鲍叔牙认为，那是因为他胸怀大志，将来要办大事的。

除了这些事情之外，管仲还总结了他和鲍叔牙交往中的林林总总的逸事。比如，管仲曾经三次做官，三次被罢免。有人议论，说管仲太无能了，折腾来折腾去，恐怕一辈子也当不了官。但鲍叔牙并不认为他没有才干，知道是因为没有得到好的机遇，没有遇上一个好领导。

再如，管仲曾经几次参加打仗，每次冲锋时，他都冲在最后面；撤退时，他撤在最前面，跑得比兔子还快。别人议论起来，都说管仲真是一个贪生怕死的胆小鬼。鲍叔牙并不认为这是他贪生怕死，是因为他家里有老母在堂，万一他有个闪失，老母亲靠谁奉养终老呢？

做官被免、打仗消极，这些事情，虽然都对“管鲍之交”有考验，但在我们看来，最严峻、最重大的考验，毕竟还是和经商做买卖有关的那三件事。也就是多拿多占、越办越糟、负贩受辱三件事。我们之所以认为这几件事对于“管鲍之交”的考验最严峻、最重大，是因为做官、打仗，都是别人的事，而做买卖的几件事都跟鲍叔牙自己的切身利益有着最直接的关系。

这些事，都是管仲自己讲的，应该是真实可信的。听了这些事，你是不是会觉着管仲这个人挺龌龊的？这些事，要是放在一般人眼里，管仲早就是一个百无一用的窝囊废了。唯独他鲍叔牙，这也理解，那也忍耐，总是认为他的这些不光彩的事，事出有因，情有可原。

那么，为什么鲍叔牙的眼光跟别人不一样呢？难道说，鲍叔牙是一个是非不辨、善恶不分的糊涂虫吗？不是的。

管仲辅佐齐桓公，担任了四十年的相国，被尊称为“仲父”。管仲临去世前，齐桓公来看望他，问：“仲父病得很厉害了，一旦发生不测，您的职务由谁来担任好呢？”管仲沉默不语。齐桓公又问：“您看鲍叔牙怎么样？”管仲说：“鲍叔牙是一个正人君子，道德品质非常高尚。即使把一个千乘大国白白送给他，如果没有正当的理由，他也不会接受。但是鲍叔牙并不适合担任相国。因为他疾恶如仇，看到一个人犯了一次不可饶恕的错误，他就会耿耿于怀，一辈子都忘不掉。常言说：水至清则无鱼，人至察则无徒。鲍叔牙人是好人，就是气量不大，当相国对他自己不利。”

从管仲的这个评价来看，鲍叔牙应该是一个是非分明、疾恶如仇的人，不是一个只讲感情不讲原则的人。既然这样，为什么他能够对管仲那么容忍？

鲍叔牙之所以能够理解管仲，根本原因在于他了解管仲，深知管仲的本质。在他看来，管仲的那些龌龊事，都只是表面现象。就本质来说，管仲既不贪财，也不怕死，更不是无能。管仲之所以看上去很龌龊、很窝囊，是因为没有得到机遇，一旦得到了机遇，他一定能干出一番轰轰烈烈的大事业。

正是由于鲍叔牙始终不渝地理解、相信管仲，所以管仲后来非常感慨地说：“生我者父母，知我者鲍子也。”（《史记·管晏列传》）

管仲出身于小商小贩，鲍叔牙不也是小商小贩吗？如果说，管仲当小商贩的时候，仿佛是埋在土里的金子；那么，鲍叔牙虽然也是小商贩，却独具慧眼，看准了管仲是一个巨大的潜力股，是一个能够经天纬地、经邦济国的杰出人才，等到时来运转的时候，一定会成为一匹叱咤风云的黑马。

所以说，“管鲍之交”的故事，说的不是管仲多厉害、多伟大，实际上说的是鲍叔牙能包容、有眼光！

司马迁早就看出了这一点，他说：“天下不多管仲之贤而多鲍叔能知人也。”（《史记·管晏列传》）意思是说天下人议论起“管鲍之交”，并不多么称赞管仲的贤能，却都称赞鲍叔牙能够识别人才。如果说管仲是千里马，那么，鲍叔牙就是伯乐。千里马常有，而伯乐不常有，伯乐更了不起！我们不要以为商人只会识货，其实，他们识别人才的本事也是非凡的。鲍叔牙就是一个代表。

管仲和鲍叔牙，这两个小商人出身的人，通过他们的互相了解、互相宽容、互相信任、互相帮助，成为我国历史上所有好朋友的代表，也是所有好朋友的榜样。现在，人们每当形容两个人是关系密切、互为知己的好朋友时，都好称之为“管鲍之交”。而管仲和鲍叔牙的朋友关系，就是在经商做买卖的过程中经受考验才建立起来的。

二、“朋友”的原义

事实上，不光是“管鲍之交”与经商有关系，而且，朋友这两个词，最早的含义，也都和经商做买卖有关系。

有人可能会感到奇怪：“朋友”不是好伙伴、铁哥们儿的意思吗？是人和人交情好啊，怎么能跟做买卖有关系呢？无论怎么想，朋友都和做买卖挨不上边啊！

“朋友”这两个字的原义，确确实实是跟做买卖有关系的。不信的话，咱们先看几个古文字。

图片来源：吴慧主编《中国商业通史》第一卷，中国财政经济出版社2004年版，第85页。

请看，这就是甲骨文的“朋”字。这是一个象形字，意思是把海边出产的一种贝壳串在一起。这些海贝就是最早的钱，就叫作“贝”，串起来干什么呢？是为了便于携带。

商朝的时候，货币的数量是以“朋”为单位计算的。五个海贝一串，两串分挂左右，合起来十个就是一“朋”。所以，“朋”的最早含义，就是两串钱。

钱是卖东西赚来的，也可以拿钱来买东西。所以，拿着钱到处买东西、卖东西做买卖的人，就是商人了。我们看看在金文当中，商人的“商”字是怎么写的。

图片来源：吴慧主编《中国商业通史》第一卷，中国财政经济出版社2004年版，第85页。

金文的这两个字，也都是象形字，根据研究都是“商”字，像是一个人挑着若干“朋”出去做买卖。

图片来源：吴慧主编《中国商业通史》第一卷，中国财政经济出版社2004年版，第85页。

金文的这个字像是一个人身上挂满了“朋”站在船头，旁边还有一个人在划船。他们拿着钱走南闯北，东奔西走，不是来来回回去做买卖，又是干什么吗？

所以，根据研究，这几字就是最早的“商”字。商人，就是拿着“朋”（也就是钱）做买卖的人。所以说，“朋友”的“朋”最早就是和经商联系在一起的。

那么，“友”字的最初含义又是什么呢？

（网上图片）

这是甲骨文的“友”字，根据马叙伦先生研究，“友”字是一个人的左手，与另一个人的右手相合。合起来干什么呢？难道说，我们的老祖宗，也像西方人那样见面握手，表示友好吗？不是的，而是象征着交换东西，一手交钱、一手交货，也是做买卖的意思。

于是，“朋友”两个字连起来，就是以其所有，易其所无。

没有“朋”也就是没有钱（贝），就不会成为“友”，也就是不会达成交易；或者说，要想成为“友”，必须得有“朋”。

讲到这里，我们就遇到了一个问题。既然“朋”的本意是两串钱，“友”的本意是交易，那么，“朋友”两个字合在一起，为什么会引申出后来我们所说的紧密无间、互相合作、彼此信赖、互相帮助的好伙伴的意思呢？

这大概是沿着两条线索发展出来的。

第一条线索是，从原来的字面意思看，“朋”是两串钱合在一起，缺了一串，就不够一“朋”了，因此就引申出了亲密无间、缺一不可的意思。

朋友嘛，两个人或者两个以上的人凑到一起，才算是朋友，单独一个人，是不能叫朋友的。

那么“友”呢？“友”的本意是交易，以其所有，易其所无。两个东西一交换，我的变成了你的，你的变成了我的；我的对你有用，你的对我亦有用，这样一来，就引申出了互补互助、互利互惠的意思。

也就是说，“朋”和“友”两个字，就分别有了亲密无间、互相帮助的意思。这可以说是一条线索。

第二条线索是，既然“朋”是钱，“友”是交易，做任何买卖，都首先要讨价还价，买卖双方在数量、价钱等方面达成一致，但同时也需要买卖双方互相建立基本的信任关系。

为什么需要双方互相信任呢？

比如，我拿钱买你的东西，你如果害怕我给你的钱是假的，你是不会把东西卖给我的，这个买卖就做不成；或者说，我担心你给我的东西有问题，这个买卖也做不成。

一手交钱，一手交货，在很多情况下，这两种动作并不是同时发生的。多数时候，要么先给钱、后拿货，要么先拿货、后给钱。这就是一种信用交易关系，这种交易关系更必须要有互相信任作保证。

再比如说，我把钱给了你，却害怕你要赖不给我东西；或者说你担心你给了我东西，我掉头就跑，赖账不给你钱。那么，这个买卖也是没有办法做成的。

所以说，买卖双方的互相信任，是做成任何买卖的最基本的先决条件。这样一来，“朋”和“友”两个字合在一起，也就有了彼此信任的意思。

总之，“朋”和“友”两个字，从拿钱搞交易的原始含义，引申出后来的好伙伴的新含义，而好伙伴的意思是亲密无间、互相帮助、彼此信任，就是通过上面两条线索发展出来的。

在这个词义的演变过程中，卖东西的人（尤其是专门以跑买卖做生意为职业的商人）是否能够讲究诚信、诚实经营，发挥着至关重要的作用。因为，从南京到北京，买的不如卖的精。卖东西的人，总比普通买者、普通消费者，更加了解商品的成本、品质。买卖双方总是信息不对称的。

而专门靠做买卖赚钱谋生的商人，如果不能诚实经营，专门靠欺诈、坑蒙拐骗发财，甚至为了赚钱，不惜搞假冒伪劣，不惜把自己的利益建立在别人痛苦甚至是生命的基础之上，您说，能从“朋友”这两个字里面，引申出好伙伴的含义吗？那是肯定不能的！谁会拿专门坑人害人的人当朋友呢？

后来，随着商品交换的发展，买卖双方的信任关系，一方面，靠契约、抵押、质押以及相关的法律制度加以保障；另一方面，靠讲究诚信、诚实经营的商业道德和商业伦理来支撑。后者，发挥着非常重要的作用。

“朋友”这两个字，后来只剩下了好伙伴的含义，它原来的拿钱搞交易的意思，反而被人们遗忘了。这种变化的背后所反映的，正是我们的老祖宗认为商人和商业就是讲究诚信、值得信赖的。

我们完全可以说，讲究诚信、诚实经营，是我国非常古老的商业伦理和商业道德，古老到什么程度呢？应该是与很多汉语词汇的形成一样古老。例如，在孔子的时代，朋友这两个字就有了与现在完全一样的词义。孔子曾说“有朋自远方来，不亦乐乎？”“为友谋而不忠乎？”所以说，违背了讲究诚信和诚实经营，不仅违背了老祖宗的传统美德，而且也是法律所不允许的。最后，肯定会搬起石头砸自己的脚，只会搞得众叛亲离，天怒人怨，是得不到真正朋友的。

“管鲍之交”，之所以成为“管鲍之交”，靠的就是两个商人的互相了解、互相信任。而“朋友”，之所以成为“朋友”，靠的也是人和人之间的互利互惠、互相信赖。

三、人才投资

如果说，鲍叔牙通过长期的了解，透过现象看本质，独具慧眼，认准了管仲是一匹潜力巨大的黑马，那么，管仲则利用政治家的远大眼光和商人的投资技巧，独具慧眼，看出了齐桓公的潜在价值。

这是怎么回事呢？

后来，管仲和鲍叔牙都不做生意了，他们来到齐国首都，做了官。

当时齐国在位的国君，是齐釐公。齐釐公生了三个儿子，从大到小，分别是诸儿、纠、小白。诸儿是老大，已经立为太子。齐釐公就让管仲和另一个官员召忽，担任公子纠的师傅，安排鲍叔牙当公子小白的师傅。

鲍叔牙见小白年龄幼小，母亲又早死，孤立无援，觉着无论怎么说，将来即位都轮不上这个小白。于是鲍叔牙就请病假躲在家里，不愿意接受这件差事。

管仲和召忽来看望鲍叔牙，问：“你怎么不出来上任呢？”

鲍叔牙说：“古人讲过：‘知子莫如父，知臣莫如君。’现在国君知道我无能，才让我当小白的师傅。我不愿意干这种劳而无功的事，所以我不想出来干了。”

召忽性格很耿直，一听鲍叔牙这话，说：“这好办，你如果真的不想干，就别干了。我去找国君，就说你病得快死了，他一定不会勉强你的。”

管仲摇了摇头，说：“这可不行。我们都是国家的官吏，应该为国家出力，不应该挑三拣四的。话又说回来，将来当国君的，还不一定是谁呢。你还是出来上任吧。”

召忽说：“诸儿是老大，将来最有可能继位的，接下来就该轮到纠了，小白是最没有指望的。不如我们三个人都来辅佐纠吧。”

管仲又摇头说：“不对。现在齐国人都很讨厌纠的母亲，连带着也对纠印象不好。小白没有了母亲，孤苦伶仃的，大家反而都很同情他。诸儿虽然年长，但品行差。将来的事，谁也说不准。”

鲍叔牙按照管仲的建议，当了小白的师傅。管仲和召忽担任了纠的师傅。

管仲还一再嘱咐鲍叔牙，辅佐小白一定要尽心竭力。否则，就得不到他的信任；得不到信任，你说话就不好使。总之，一定不能三心二意。

管仲还和鲍叔牙私下约定，将来不管是纠还是小白当了国君，两个人都要互相推荐。

后来事情的发展，果然如管仲所料。诸儿继位当了国君，叫齐襄公，荒淫无耻、凶狠残暴，齐国政局动荡不安。管仲就和召忽保护着纠跑到鲁国避难，鲍叔牙保护着小白跑到莒国避难。

齐襄公荒淫无耻、凶狠残暴，激起了内乱，被人杀死。鲍叔牙和小白捷足先登，回到齐国。管仲为了让自己的学生纠上台，企图阻止小白，在途中拦住他们，冷不防射了小白一箭，幸亏射中衣钩，小白才没有丧命。最终，小白继位当了国君，就是齐桓公。

这个时候，鲍叔牙信守他与管仲的约定，更重要的是他深知管仲治国理政的杰出才干，就极力向齐桓公推荐管仲。齐桓公也确实不愧是了不起的大政治家，果然摒弃前嫌，挥手忘记了管仲的一箭之仇，任命管仲当了相国。

鲍叔牙则甘居管仲之下，同心协力，辅佐齐桓公开创了一番霸主之业。

显而易见，齐桓公、管仲、鲍叔牙几个人，能够走到一起共创霸业，是有三个非常难得、非常不容易的因素促成的。

首先，是管仲深谋远虑。如果不是管仲事先劝说鲍叔牙担任小白的师傅，就不会有后来的故事了。管仲的做法，当然有政治家的老谋深算，但是，不也是非常符合“鸡蛋不放在一个篮子里”的投资策略吗？经商也好，投资也罢，一个很重要的原则，就是要防范风险，绝对不能孤注一掷。市场形势变幻莫测，谁也保不准哪种商品必然要涨，哪种商品注定要跌。分散投资，留有余地，是防范风险的必由之路，也是赚钱赢利的重要办法。将来无论哪一种商品涨价，都不至于措手不及。

“鸡蛋不放在一个篮子里”，是商人的智慧。别看管仲做买卖的时候不大顺利，吃了不少苦头，但是管仲却积累了丰富的商业经验、独特的商人智慧，并且把这种智慧成功地运用到了政治上。

其次，是齐桓公胸怀大略、宽宏大度，爱惜人才，与有一箭之仇的管仲握手言和。这一般人也很难办到。

再次，鲍叔牙知人荐贤。鲍叔牙不仅信守与管仲的约定，更重要的是鲍叔牙能够以国事为重，知道自己的才能比不上管仲，懂得齐国的兴旺发达离不开管仲这样的杰出人才，所以极力推荐管仲，劝说齐桓公打消了对管仲的敌意。这一点，尤其不容易！历史上有多少人嫉贤妒能啊，看到本事比自己大的人，没事还要想办法整倒他呢，更何况自己已经胜券在握、管仲又是国君仇敌的时候，鲍叔牙要是真的翻脸，除掉管仲可以不费吹灰之力。即使看在过去老交情的份儿上，不处死管仲，把他排斥在政治权力之外，也不是难事，但是鲍叔牙没有这样做。

我们都知道，后来的大商人吕不韦，资助秦国的落魄公子异人，使异人成为秦国国王，吕不韦成为一人之下万人之上的丞相，这是一项很成功的投资。

其实，鲍叔牙始终不渝地支持管仲，不也是一项非常成功的投资吗？鲍叔牙的这项投资，不仅丝毫没有吃亏，反而获得了很大也很长久的回报。司马迁说："鲍叔既进管仲，以身下之。子孙世禄于齐，有封邑者十余世，常为名大夫。天下不多管仲之贤而多鲍叔能知人也。"（《史记·管晏列传》）鲍叔牙赢得了人们的广泛好评和尊重，他的子孙，世世代代在齐国享受俸禄，十几代人都得到了封地，出现了不少有名的大夫。因此，天下的人不称赞管仲的才干，反而赞美鲍叔牙能够识别人才，这就是鲍叔牙获得的回报。

经济学上有一个很重要的概念，叫作"人力资本"。人、人才，是比金钱、物资更重要的资本。美国的管理学大师彼得·德鲁克说："企业只有一个真正的资源，就是人。"被誉为世界第一 CEO 的杰克·韦尔奇也说：

“人才是经营公司的一等任务。”现在我国不少的成功企业家也认识到了：“先有人才，后有钱财。”所以说，投资，不光是运用资金、物质资源获得收益。其实，培养人才、帮助人才、支持人才、发挥人才的作用，同样是投资，而且是最重要的投资。在这方面，鲍叔牙完全称得上是先行者，而且是非常成功的先行者。

早年贫困潦倒的生活和艰难坎坷的经商经历，使管仲深刻地认识到经济状况对于人和社会的重要性。当年如果不是贫穷，就用不着厚着脸皮多吃多占了。所以管仲说出了“仓廪实而知礼节，衣食足而知荣辱”的名言。司马迁在《史记》的好几个地方引用了这句名言。

正因为如此，管仲辅佐齐桓公治理齐国期间，以发展经济、富国强兵作为头等大事，特别是在发展农业的基础上，继承了姜太公开创的政策，大力发展工商业。他的举措之一，就是把社会成员划分为士、农、工、商四个部分，让他们分别集中居住，叫作四民分业聚居。管仲实行这项政策的主要目的，是把长期形成的社会分工稳定下来，促使它们向专业化的方向发展，提高技术水平。从今天的角度看，这种职业的固定显得有些僵化，但是在二千六七百年以前却是非常先进的。因为在传统经济当中，生产技术和经营技巧主要依靠经验的积累，相同行业的人们聚居在一起，有利于形成一种良好的社会技术教育环境，有利于生产经验的继承和传播。从管仲开始，士、农、工、商的职业划分一直沿用下来，直到今天，这种分类方法还在使用。

在管仲的时代，士、农、工、商只是一种职业的分类，丝毫没有等级差别的意思。士这个词，曾经指的是下层贵族，后来主要指知识分子。管仲把工商业者和原来属于贵族的士并列，说明工商业者的社会地位还是比较高的。只是到了商鞅变法以后，随着重农抑商政策的实施，士、农、工、商的地位才逐步有了差别。

另外，也并不是说士、农、工、商之间不能串门、不能改行。在现实当中，商人变成士人，或者士人成为商人的情况比比皆是。管仲和鲍叔牙，不就是从商人变成士人的例子吗？

今天，我们经常把有知识、有学问的商人称为儒商，这样说来，历史上的士人兼商人，也可以说是儒商了。而儒家培养出来的商人，就更属于最标准、最正宗的儒商了。实际上，儒家的创始人孔子，也确实培养了一位非常有名的大商人，称得上是史上最正宗的儒商。

那么，这个史上最正宗的儒商究竟是谁呢？他与其他商人究竟有什么不同呢？

第四章　儒商子贡

一、富而好礼

春秋时代的一天，在从陈国和蔡国通往楚国的大路上，有一群书生打扮的人，被一伙军队，里三层外三层地围困在了路边的空地上。

这一带是荒郊野外，前不着村、后不着店的。那伙军队，一个个剑拔弩张，凶神恶煞。而被他们围困的那些读书人呢，却是垂头丧气、狼狈不堪。因为他们已经被围困好几天了，断粮断水。很多人饿得眼珠子都发绿了，有的饿得都站不起来了。

但是，里面有一个六十多岁，像老师模样的人，却显得泰然自若，气定神闲，每天都照旧讲课念书、弹琴唱歌。

可是，念书唱歌毕竟填不饱肚子啊，那些年轻的，像弟子模样的人，议论纷纷，都很有怨言，几个性格比较急躁的，甚至发起了脾气。

这时候，有一个看上去比较精明、穿着打扮也比较体面的人，站了出来，他说，这样耗下去总不是办法啊。于是，他就拿上了随身携带的一些值钱的东西，有金银财宝，还有丝绸锦缎什么的，悄悄地找到围困他们的军队的头，给了他一些好处，就跑出了包围圈。

这个人要干什么？莫非抢了大家的财宝，自己跑了吗？不是，他并没有自顾自地扬长而去，而是跑到了附近村庄，用金银财宝从老百姓那里买了一些粮食和水，送了回来。他先请那位老师模样的人吃上了饭，随后，其他的那些读书人也都跟着填饱了肚子。

这之后，还是那个比较精明、穿着打扮也比较体面的人，逃出重围，跑到楚国，求楚昭王派兵来，赶跑了围困的军队。这一伙狼狈不堪的读书人才得以脱身，到了他们要去的楚国。

这伙人里面，那个老师模样的人，就是孔子。那些年轻的读书人，就是跟随孔子周游列国的弟子们。而那位比较精明、穿着打扮也比较体面的人，就是孔子的得意弟子子贡。

我们在前面曾经讲过，孔子可以说是中国历史上最早的民办大学校长了，他招了三千多名学生，学校规模很大。民办大学嘛，是没有国家财政拨款的，那么孔子的办学经费从哪里来呢？孔子还赶着马车，到处周游列国，虽然那时出国，不需要办护照也不需要办签证，可是人在旅途，总得要住店、吃饭吧？那么这些住店吃饭的钱，又是从哪里来的呢？

原来，孔子有一位好学生，叫子贡，是一个成功的大商人，子贡就是孔子教育事业的主要赞助商。司马迁说得很明白："使孔子名布扬于天下者，子贡先后之也。"（《史记·货殖列传》）也就是说，孔子之所以能够在当时名扬四海，和子贡的帮助有很大关系。

这一次孔子得以脱身，也多亏了子贡出力。如果不是子贡跑来跑去地买来粮食和水，又跑到楚国搬来救兵，孔子的这场危机，真不知道会怎样收场。

关于这次子贡解围的故事，就记载在《史记》和《孔子家语》等著作当中。例如，《孔子家语·在厄》的记载是："厄于陈蔡，从者七日不食。子贡以所赍货，窃犯围而出，告籴于野人，得米一石焉。"

根据这些资料，吴慧先生主编的《中国商业通史》认为，孔子也和弟子们一起兼营商业，他们在周游列国的途中，就捎带着货物，进行商业活动。我认为这种说法是有道理的。这样说来，孔子也是做过买卖的人了。而具体负责这些业务的，十有八九就是子贡。

子贡，是卫国人，名字叫端木赐，子贡是他的字。

子贡比孔子小三十一岁。《周礼》说：男子“二十而冠，始学礼。”意思是男子二十岁的时候成年，开始学习礼仪。如果按照这种说法，估计子贡跟随孔子学习的时候，至少是在二十岁以后，这时孔子已经五十多岁了。

子贡投奔到孔子门下以前，就已经是一个非常成功的大商人了。司马迁在《货殖列传》里面说：“子贡废著鬻财于曹、鲁之间，七十子之徒，赐最为饶益。”意思是，子贡往来于曹国、鲁国等地，从事的是国际贸易的大买卖。孔子弟子三千人，贤者七十二人，其中，子贡属于首屈一指的大富豪。

子贡搞国际贸易，究竟买卖什么？史书上没有明确记载，但从有些迹象来看，他很可能做的是珠宝生意。

《论语·子罕》里面记载了这样一段对话：子贡曰：“有美玉于斯，韫匵而藏诸？求善贾而沽诸？”子曰：“沽之哉，沽之哉！我待贾者也！”据说，这段对话发生的背景是，孔子有好长时间没有出来做官了，弟子们都感到很着急，不少人来劝他，他都不听。于是，子贡也来劝孔子。子贡和一般人不一样，他是拿卖玉石来举例子：“这里有一块美玉，我们是把它藏在柜子里不让别人见到，还是找一个高价把它卖了呢？”孔子说：“卖了它！卖了它！我是在等待一个高价啊！”子贡明白了，老师不是不肯当官，而是要等着一个识货的好买主，卖个好价钱啊。这段对话，就是成语待价而沽的来历。我们看看这段对话，孔子对于经商也是非常在行的。

又有一次，子贡问孔子：“君子之所以贵玉而贱珉者，何也？为夫玉之少而珉之多邪？”（《荀子·法行》）珉是一种像玉但不是玉的石头。珉和玉，表面上看差不多，但是，玉和珉的价格，却是相差悬殊。为什么这样呢？子贡认为，是物以稀为贵，因为受到了供求关系的影响。

子贡动不动拿珠宝玉石说事，这说明，子贡对于珠宝玉石很在行。所以，他从事的国际贸易，很可能做的是珠宝生意。

子贡思路敏捷、口齿伶俐、能说会道，而且非常好学。《论语》里面，记载了很多孔子和学生互相问答的对话，其中，孔子和子贡的对话基本上是最多的。有人统计过，《论语》里面，子贡的名字出现了三十七次，居于众弟子之首。

由于子贡能言善辩，又很好请教问题，有的时候，就连孔子都被他问得张口结舌、理屈词穷。“子贡利口巧辞，孔子常黜其辩。”（《史记·仲尼弟子列传》）如果子贡参加今天的辩论赛，很有希望成为最佳辩手。

在孔子的教导之下，子贡明白了很多人生道理。比如，子贡在经商发财以前，可能也是比较贫穷的。靠着经商，他脱贫致富了。子贡经历了穷和富两种人生体验，于是，他就思考，一个人贫穷的时候应该采取什么样的人生态度呢？有钱了又应该采取什么样的人生态度呢？他思考的结论是：“贫而无谄，富而无骄。”贫穷的时候，没有自卑感，不低三下四地讨好别人；有钱了，没有自大感，不盛气凌人、趾高气扬、傲慢无礼。

子贡对于自己的想法非常得意，并且自信自己就是这样做的。有一次，他就自己的想法向孔子请教：“请问老师，贫而无谄，富而无骄，怎么样啊？”子曰：“可也。未若贫而乐，富而好礼者也。”贫而无谄，富而无骄，当然已经很不错了，但是，还比不上虽然贫穷，却仍然坚持不懈地追求真理；有钱了，却喜欢学习礼仪，有意识地提升自己的道德水平。贫而乐道，富而好礼，不是更好吗？

在子贡看来，贫而无谄，富而无骄，已经很不容易了。俗话说：人穷志短啊。有多少穷人，因为生计所迫，而不得不低头弯腰呢？比如说，像后来的陶渊明那种不为五斗米折腰的人，不是没有，但是多数人难以做到。管仲说的“仓廪实而知礼节，衣食足而知荣辱”，是最基本的道理。人，要想活得有尊严、过得有体面，缺乏基本的经济条件是谈不上的。

至于富而无骄，那就更不容易了。多少人，腰包一鼓，身上的很多部位就会发生变化。腰板就直了，肚子就挺了，脾气就大了，眼皮就高了。要让有钱人（特别是暴发户）谦虚低调，难啊！

但是，孔子之所以说“贫而无谄，富而无骄”，不如“贫而乐道，富而好礼”，是因为“贫而无谄，富而无骄”，所强调的是人的一种外在行为，是人对于别人的态度；而“贫而乐道，富而好礼”，强调的则是人的内在修养。人的内在修养，是要靠不断学习得到提升的。儒家主张“修己以安人”，随着人自身道德修养的提高，会自然而然地处理好人与人的关系。“修身、齐家、治国、平天下”，“修身”是第一位的，“修身”到位了，其他一切也都可以解决了。

而如果缺乏内在的修养做基础，“贫而无谄，富而无骄”，就有可能只是作秀、装样子。因为它不是发自内心的一种自觉的行为，反而会成为非常痛苦的甚至是虚假的东西。

听了老师的话，子贡豁然开朗，懂得了内在修养更加重要，德行的修养是没有止境的，一个人对于修养，应该不断地追求进步。他说：“老师啊，《诗经》说的‘如切如磋，如琢如磨’，就是道德修养必须不断精雕细刻吧。”

孔子对于子贡的进步非常高兴，夸奖他说：“赐也，始可与言《诗》已矣！告诸往而知来者。”（《论语·学而》）好啊！像子贡这样的人，才可以和他谈论诗经啊！因为告诉他一件事，他能悟出一种道理来。

其实，作为一个成功的大富豪，子贡曾经是非常自大、非常自命不凡的，甚至刚开始的时候，并不把孔子的学问放在眼里，也不把跟着孔子学习当回事。他对孔子的敬仰经历了一个过程。东汉王充《论衡·讲瑞》说：“子贡事孔子，一年，自谓过孔子；二年，自谓与孔子同；三年，自知不及孔子。”子贡跟着孔子学习不到一年的时候，自认为学问已经超过了孔子。学到第二年的时候，虽然不再自以为已经超过孔子，但也觉着自己与孔子差不多。等到学到第三年的时候，子贡才真正认识到了自己比孔子差得远。越学习，越感受到了孔子思想的博大精深。

他曾经对别人说：“夫子之不可及也，犹天之不可阶而升也。”（《论语·子张》）孔子的水平是不可能达到的，就仿佛登天无路一样。

子贡的变化，反映的就是一个有知识又爱好学习的商人的进步。

子贡不仅崇拜孔子的道德文章，而且对于孔子有非常非常深的感情。孔子去世以后，弟子们在孔子坟墓旁边，按照礼节，守墓三年。三年期满以后，弟子聚到一起大哭了一场，就互相作了一个揖，各奔东西了。唯独子贡，哀思不尽，送走了其他师兄弟之后，又返了回来，在孔子墓边建了一间小屋，自己一个人又住在那里守墓三年。所以，子贡守墓总共六年。直到今天，山东曲阜孔子墓的旁边，还有三间房子，外面竖着一块碑，上面写着“子贡庐墓处”。当然，子贡当年守墓住的小屋，早就荡然无存了。这几间房子，是后人为了纪念此事而建的。

孔子也对子贡非常欣赏。有一次，孔子问子贡：“汝与回也孰愈？”你和颜回比哪个强啊？颜回是孔子最喜欢的学生，让子贡自己和颜回做了一个比较，说明孔子也在某种程度上认为两人是有可比性的。子贡却很谦虚：“赐也何敢望回？回也闻一以知十，赐也闻一以知二。”（《论语·公治长》）我怎么敢与颜回师兄相比呢？颜回听到一件事可以推知十件事，我听到一件事，只能推知两件事。

孔子本人对于这两位学生的比较是：“回也其庶乎，屡空；赐，不受命而货殖焉，臆则屡中。”（《论语·先进》）颜回很有希望能有所成就，却常常受穷。子贡不服从天命，做买卖赚钱致富，对于市场行情的预测常常是准确的。言辞之中所表露出来的，是对颜回受穷的惋惜，对子贡经商才能的赞赏。

二、儒商智慧

现在，我们经常称有学问的商人叫儒商，子贡是由孔子亲自教育出来的商人，那就应该是有史以来最为名副其实的儒商啦。那么子贡，这位史上最正宗的儒商，究竟和别的商人有什么区别呢？

有一个故事，很好地反映了子贡这个儒商的水平。在这个故事当中，子贡为了保护鲁国的利益，站在国际关系的高度，充分显示了他作为国际贸易商人的卓越才干，把商业营销技巧发挥到了淋漓尽致的地步，成功挑起了好几个国家的连环战争，改变了春秋后期的国际政治格局。

事情的经过是这样的：齐国有一个掌权的大夫，叫田常，几次向齐国国君要求增加自己的封地，都没有得逞，就阴谋在齐国发动叛乱，但是他又害怕国内的大臣高氏、国氏、鲍氏、晏氏等会反对，就调集齐国的军队，准备攻打比较弱小的鲁国，企图通过对外战争取得胜利，抬高自己在齐国的地位，以便叛乱能够成功。

大家知道，孔子就是鲁国人。所以孔子听到这个消息后，非常焦急，就把众弟子找来，说："鲁国，是我的祖国。祖国的危难到了这种地步，你们有谁能够挺身而出啊？"子路说："我去！"孔子摇了摇头。紧接着，子张、子石等也请求前去，孔子都不答应。这时候，子贡站了出来。孔子看了他一眼，点点头说："嗯，你去是可以的。"

于是，子贡临危受命，担当了挽救鲁国的重任。子贡是怎么做的呢？

子贡根本不在鲁国待着。他先是跑到了齐国，求见田常，对田常说："听说你要讨伐鲁国，这种想法可是大错特错了！"田常忙问："为什么？"子贡说："鲁国是很难对付的。鲁国国都的城墙，又矮又薄，鲁国的护城河又窄又浅，鲁国的君主又愚蠢又不仁义，鲁国的大臣又虚伪又无能，鲁国的老百姓也都害怕打仗。这样的国家是不可能把它打败的。你应该到南方去打吴国，那个吴国，城墙又高又厚，护城河又宽又深，军队数量很多、装备精良，大臣又贤明又能干。这样的国家最容易打了！”

田常一听，火了，骂道：“你的脑子是不是进水了？你把容易的说成困难的，把困难的说成容易的。你什么意思啊？”

子贡不慌不忙地说：“您别急。我听说过这样的话：‘忧在内者攻强，忧在外者攻弱。’内部有忧患的就攻打强大的对手，外部有忧患的就攻打弱小的对手。如今，你的忧患是在内部啊。你几次要求增加封地，都没有办成，不就是因为有些大臣不服吗？你要打鲁国，打败鲁国是很容易的。但是，你考虑过打败鲁国之后会有什么后果吗？”

田常问：“有什么后果啊？”

子贡说：“打败了鲁国，齐国虽然有好处，但对于你个人却很不利。因为，打败了鲁国，齐国的国土会增加，国君会更加得意，大臣们看到打胜仗这么容易，就会争权夺利。这叫作‘上骄则恣，臣骄则争’。这样一来，你上面有得意忘形的国君，下面有如狼似虎的大臣，别说想办什么大事了，只怕要想立足都很困难了！”

田常心想，有道理啊！就问：“那么打吴国有什么好处呢？”

子贡说：“打吴国，肯定要失败的。可是国家失败了，对你来说却恰恰是最大的好处。因为一旦失败了，齐国大臣们的力量就会被削弱，君主就会被孤立。那个时候，齐国能依靠的，就只有您了！”

田常听了很高兴。但他还有点顾虑：齐国的军队已经向鲁国进发了，转而去打吴国，师出无名啊。我无缘无故去打吴国，又肯定会打败仗，打败的责任，不是完全由我一个人承担吗？

子贡说：“别担心，我有办法。你只管让军队按兵不动，不要打鲁国。我去吴国，劝他们救鲁而伐齐。这样一来，你就是被迫防御，即使打败了，也没有任何责任的。”

田常一听，好啊！就采纳了子贡的意见。人啊，有时候就是利令智昏。子贡的这些主意，我们今天听了，怎么听，怎么觉着别扭。可是田常听了，却觉着太有道理了。原因在于，他满脑子只考虑自己的私利，丝毫不管能给国家带来什么后果。所以说，极端自私自利的人，一定是低能儿，不管他地位多高、权力多大，都和傻瓜白痴差不多，最容易被人忽悠了。

子贡紧接着就离开齐国，南下到了吴国。这时候，吴国的国王就是著名的夫差。

子贡来到吴国的首都苏州，见到了吴王夫差，说：“我听说，实行王道的人不灭绝别的国家，实行霸道的人没有强大的对手。现在齐国正要灭亡鲁国，下一步就要来和你吴国争霸了，我很为大王您担心啊！”

夫差急忙问：“那可怎么办呢？”

子贡说：“办法倒是有，那就是大王出兵，救鲁伐齐。‘救鲁，显名也；伐齐，大利也’。道理何在？因为鲁国弱小，正面临灭顶之灾。大王出兵相救，此乃扶危济困之义举也！天下人哪个不敬仰大王的仁义呢？所以大王肯定能扬美名于天下。齐国虽然强大，但是无端欺负弱国，不得人心，失道寡助，正是打败它的良机。所以说，救鲁伐齐，是‘名存亡鲁，实困强齐，智者不疑也’。挽救行将灭亡的鲁国，可得美名；削弱强大的齐国，可得实利。这是聪明人坚信不疑的好办法啊！”子贡又分析说，北方的强国，主要是齐国和晋国，如果吴国打败了齐国，一定要乘胜前进，向晋国挑战。晋国人服气了，大王您就可以称霸天下了！

夫差早就有称霸天下的野心，听了子贡的一番说辞，非常高兴，拍着巴掌说：“你说得太好了！我早就对齐国飞扬跋扈欺负别人看不下去了！不过，过去被我打败的越王勾践，正在卧薪尝胆，我担心他会报复。等我先把越国收拾妥了，没有后顾之忧了，再去教训齐国，你看怎样？”

子贡说：“越国的力量和鲁国差不多，齐国却比吴国强大。大王如果不赶快动手，齐国就会消灭鲁国，力量会更大。同时，大王打着扶危济困的旗号，却不敢与齐国交锋，反而去打弱小的越国，这不是欺软怕硬吗？不仅丧失了大好时机，名声也搞坏了。如果大王有后顾之忧，我可以去越国，让他们派兵随大王出征，大王还有什么可担心的？”

夫差大喜，派子贡去越国。

越王勾践听说子贡来了，赶紧把道路打扫干净，亲自到郊外迎接，然后亲自驾车把子贡送到国宾馆。勾践说：“鄙人这里可是没有开化的蛮夷之地啊，先生怎么屈尊到这里来了？”

子贡说：“我正在劝说吴王救援鲁国、讨伐齐国，他虽然愿意去，但是还有后顾之忧，担心越国会从后面报复他。他说打算把越国彻底收拾了，再北上。看来，你们越国要有灭顶之灾了！”

勾践说：“我哪里敢有复仇之心呢？”

子贡冷笑一声，接着说：“如果没有复仇之心，却被别人怀疑，那是很愚蠢的。如果有复仇之心，却被别人发觉了，那肯定会失败的。如果事情还没有发生，就走漏了消息，那就危险了。这可是办大事之大忌啊！”

勾践听了，吓出一身冷汗，连忙叩头再拜：“请问先生，应该怎么办好呢？”

子贡说：“吴王为人凶暴，臣民不堪忍受。常年战争，士兵百姓怨声载道。伍子胥是一个贤臣，却因直言进谏而死。伯嚭是一个自私小人，却获得重用。这都是亡国之象。大王如果支持吴王讨伐齐国，他就不会担心你了。他只要一出兵北上，无论打败还是打胜，都会受到削弱，你的机会可就来啦！”

子贡随后又去了晋国，说吴国和齐国要开战了，吴国一旦取胜，一定会来打晋国的，因为晋国是中原霸主，夫差为了称霸，一定会来打晋国的，劝说晋国做好准备。这一圈忽悠完了之后，子贡就回到鲁国，向孔子复命，然后坐等时局变化了。

勾践果然按子贡的计策行事，他派文种向夫差献上一大批宝贝，说大王即将是天下霸主了，我们越国预祝大王成功，并派去几千军队，随从夫差出征。

夫差没有了后顾之忧，果然浩浩荡荡来讨伐齐国，把齐国派去攻打鲁国的军队打了个大败。夫差非常得意，就乘胜向晋国进军。晋国听了子贡的话，早有防备，在黄池把夫差打了个大败。

越王勾践闻讯，乘机从背后偷袭吴国。夫差得报，慌忙返回，与勾践厮杀，三战三败，被勾践杀死。从此，勾践成了东南霸主。

子贡的这一圈忽悠，是我国外交史上非常成功的案例。《史记·仲尼弟子列传》说：“子贡一出，存鲁，乱齐，破吴，强晋，而霸越。子贡一使，使势相破，十年之中，五国各有变。”子贡的一次出使，保全了鲁国，使齐国大乱，使吴国灭亡，使晋国强大，使越国称霸。子贡的一次出使，完全打破了各国的形势格局，十年之中，五个国家都发生了巨大变化。

拿我们今天的眼光来看，子贡为了保全鲁国，挑起这么多国家的连环战争，是不是不大厚道啊？其实，孟子曾经说过：“春秋无义战。”（《孟子·尽心下》）春秋的时候，并没有正义非正义的战争。所以，不存在厚道不厚道的问题。从当时的局势看，这些战争的发生，只是早晚的问题。子贡的忽悠，只是加速了这些战争的发生而已。

子贡通过挑起多国连环战争，挽救了鲁国。表面上看，子贡靠的是能说会道的三寸不烂之舌，但实际上，背后起作用的，仍然是子贡娴熟的国际贸易技巧，以及孔子培养出来的儒商的高素质、高水平。

那么，子贡的国际贸易技巧和儒商的高水平表现在哪些方面呢？

一是国际视野。子贡不是就鲁国论鲁国，而是把鲁国的问题放到国际大背景之下来看。然后，他采用了商业竞争中经常使用的“借刀杀人”的策略，借用自己以外的力量，巧妙地把祸水引到别处，达到自己的目的。

二是洞察时事。子贡追随孔子周游列国十几年，所到之处，都与各国的王公贵族打交道。而且，子贡做的是珠宝生意，他的客户，也肯定多数是有钱有势的王公贵族。这使得子贡对于各国政治情况有非常清楚的了解。实际上，做任何生意，都必须首先了解客户的需求，适应客户的需求，也都需要懂得政治情况。政治和经济是密不可分的。历史上几乎所有成功的企业家，都具有高度的政治敏感性、相当敏锐的政治头脑。这方面，子贡就是一个代表。

三是诱之以利。为什么那么多的国君，个个都愿意相信子贡的意见呢？就是因为子贡对于人的本性有非常深刻的认识。人的本性是什么？利己啊。利己是人与生俱来的一种本能。虽然不少人能够利他，有毫不利己专门利人的品德，这种人是非常可敬的。但是社会上的多数人是利己的，无利不起早，没有好处的事不干。司马迁在《货殖列传》里面有一段名言："天下熙熙，皆为利来；天下攘攘，皆为利往。"天下所有人，都为着自己的利益最大化而奔忙。子贡作为成功的商人，要比一般人更能深刻地认识人的这种本性。所以，他在游说各国君主的时候，首先站在他们的立场上，从他们自身利益出发，激发起他们的利己之心，并且巧妙地利用了他们的利己之心。让其觉得，按照我的意见办，就能够得到最大利益。

四是名门高足。同样的话，从不同人的嘴里说出来，它的影响力就大不一样。子贡是孔子的高徒，这个身份本身就非常有号召力。别看很多诸侯国的君主不能采用孔子的主张，也不愿意重用孔子，但是对于孔子的道德文章还是非常尊重的。子贡又跟随孔子学习多年，接受了系统规范的教育，拥有很高的素质和修养，举止斯文，彬彬有礼，能言善辩，谈吐不凡。他的意见所产生的说服力和可信度，自然是一般商人所不能比的。

从孔子门下完成学业以后，子贡先是回到卫国当了几年官。不久，就辞官不做，重操旧业，成了一个影响更大的国际贸易商人。《史记·货殖列传》说："子贡结驷连骑，束帛之币以聘享诸侯，所至，国君无不分庭与之抗礼。"分庭抗礼，是我们现在经常使用的一个成语，就是从这里来的。它本来的意思是主人和客人相见的时候，分别站在院子的两边，相对而立，互相行礼。表示双方平起平坐。子贡率领庞大的豪华车队，在诸侯国之间穿梭，与各国达官显宦互相往来。所到之处，国君们也都与他行平等的礼节，可见子贡这一介儒商做到了何种显贵的地步。

子贡所到之处，除了做买卖，还有一项重要工作，就是不遗余力地宣传自己的恩师，到处讲孔子的道德风范是多么高尚、孔子的学术思想是多么博大精深。司马迁说："使孔子名布扬于天下者，子贡先后之也。"（《史记·货殖列传》）意思是，孔子之所以能够在当时名扬四海，和子贡的宣传有很大关系。子贡不仅在孔子生前向他提供赞助，而且在孔子死后，仍然不遗余力地宣传他的言行事迹。

后来，子贡"家累千金，卒终于齐。"（《史记·仲尼弟子列传》）

自古以来，名师出高徒，高徒也造就名师。孔子和子贡即如此。在这个过程中，并不是孔子作为老师，单方面地沾了子贡的光，子贡也是巨大的受益者。经过多年的学习，子贡不仅在道德、学识、能力上都有了脱胎换骨的长进，很好地做到了富而不骄、富而好礼，而且，顶着孔门高徒的招牌，他在商业竞争中的软实力和无形资产，也是一般的土财主商人无法比拟的。

为什么那么多的国君与子贡分庭抗礼，与他平起平坐，把他待为上宾呢？主要原因，应该是出于对子贡综合素质的尊重，并不是仅仅因为他有钱，财大气粗。单纯有钱，而没有高尚道德、优良修养、健全人格，是绝对不可能真正赢得别人尊重的。因为，在这个世界上，钱，固然很重要。但是，钱，不是万能的，并不能摆平一切。

子贡，这位史上最正宗的儒商，靠着他的良好修养，不仅在他的时代受到了人们的广泛尊重，而且，也被后来历朝历代的商人奉为楷模。

过去，不少商店里面挂着这样的对联：

“陶朱事业，端木生涯。”

“经商不让陶朱富，货殖当属子贡贤。”

这些对联中的“端木”，就是子贡，因为子贡的名字叫端木赐。那么，“陶朱”又是谁呢？这位“陶朱”又有哪些商业故事呢？

第五章　致富宝典

一、《计然之策》

我们很多人喜欢读武侠小说。我们都知道，不少武侠小说的故事情节，错综复杂的恩怨情仇，都是围绕一部武林秘籍展开的。什么《九阴真经》《葵花宝典》《武穆遗书》啊，据说，只要得到了这样一部武林秘籍，无论什么人，都可以练成盖世武功，独步武林，横扫江湖。

历史上，有这么一部奇书，虽然不能教人们练成盖世武功，却能够指导人们发财致富。一个国家得到它，便能富强安邦；一个人得到它，便能富甲天下。

那么，这部奇书，叫什么名呢？这部书，叫作《计然之策》。靠着《计然之策》实现富强的，就是春秋时期的越国。而靠着《计然之策》成为天下首富的呢？就是曾经帮着越王勾践消灭吴王夫差的大政治家范蠡。

越王勾践被吴王夫差打了个惨败，被围困在会稽山上，差一点儿就亡国了。越王勾践被迫投降，带着妻子来到吴国，为吴王夫差养马牵马，当了三年奴隶。为了讨好吴王夫差，勾践甚至还尝过夫差的大便。真是奇耻大辱，耻辱到了极点！越王勾践被放回来之后，就卧薪尝胆，发愤图强，十年生聚，十年教训，终于反败为胜，彻底打败了比自己强大很多倍的吴国，迫使吴王夫差自杀。然后，勾践挥兵北上，成为春秋时期的最后一位霸主。而指导勾践咸鱼翻身、反败为胜的，就是《计然之策》。

司马迁在《史记·货殖列传》里面记载了这段故事，原文是这样说的："昔者越王句践困于会稽之上，乃用范蠡、计然。"按照《计然之策》，"修之十年，国富"，"遂报强吴，观兵中国，称号'五霸'"。

范蠡是楚国人，老家的地名叫宛。范蠡年轻的时候，深受道家思想的影响，非常狂放不羁。楚国有个官员叫文种，在宛这个地方任职的时候，认识了范蠡。文种也是一位富有政治才干的杰出人物。他发现，范蠡虽然外表狂放不羁，实际上是一位具有大智慧的旷世奇才。两个人惺惺相惜，遂结为莫逆之交。后来，文种就邀请范蠡一起到越国做了官。越王勾践落难期间，范蠡和文种一直忠心耿耿地追随在他身边，同心协力，出谋划策，终于帮助越王勾践反败为胜，成为霸主。随后，范蠡被越王勾践拜为上将军。

正当他功成名就、位极人臣之际，范蠡却做出了很多人想象不到的举动。他果断地辞去了所有的高官厚禄，急流勇退，转而开始新的人生追求。

《史记·货殖列传》记载说："范蠡既雪会稽之耻，乃喟然而叹曰：'计然之策七，越用其五而得意。既已施于国，吾欲用之家。'"就是说，范蠡在帮助越王勾践反败为胜、报仇雪恨之后，长叹了一声，说："啊！计然之策，总共有七条，越国只使用了其中的五条，就能消灭吴国，扬眉吐气。既然这个计然之策能够帮助一个国家取得这样大的成功，我也可以拿它来经营自己家的产业啊！"

听说范蠡要走，越王勾践怎么也想不通，他对范蠡说："全越国的大夫最敬佩的就是你了，全越国的百姓最感激的也是你啊！本王正要更加重用你，你却要离我远去了？这难道是上天要抛弃我越国吗？本王告诉你：如果你愿意留下，本王可以分割国土，与你共享；如果你执意要离去，你的妻子儿女就会被杀头！"

但范蠡丝毫不为所动，他匆忙收拾了一点金银细软，带上老婆孩子还有几个仆人，连夜悄悄乘坐一艘很不起眼的小船，扯满风帆，向着北方，疾驶而去。范蠡肯定是把自己的老婆孩子带在身边的，至于说他的那艘船上，是否还有传说中的西施，那可就不得而知了。

范蠡一路向北，来到了工商业十分发达的齐国，最后在海边定居下来。范蠡改名换姓，起了一个很奇怪的名字，叫“鸱（chī）夷子皮”。

“鸱夷子皮”是什么意思呢？“鸱夷”这两个字，在古代有两个意思，一个是用皮革做的像鸟一样形状的小船，也就是皮筏子，另一个是用皮革做的盛酒的器具。

范蠡为什么要取这样一个奇怪的名字呢？历史上有两种说法。

一种说法是，吴国的大臣伍子胥因为多次向吴王夫差进谏，要求提防越王勾践报仇，结果惹恼了夫差。夫差就赐给伍子胥一把宝剑，勒令他自杀。伍子胥临死之前，悲愤交加，说道：“我死后，把我的眼睛挖出来，挂在东面的城门上，我要亲眼看着越国军队打进来！”夫差大怒，说不能让你看见任何事情！就下令把伍子胥的遗体装在鸱夷也就是用牛皮制作的袋子里面，投到了江里。范蠡取名叫“鸱夷子皮”，意思是自己也是负罪亡命之人。

另一种说法是，鸱夷是用皮革做的盛酒的器具。使用的时候，可以容纳很多东西。不用的时候，可以卷起来揣在怀里。范蠡取这样一个名字，意思是能进能退、能屈能伸。

有的现代学者提出了新的观点，认为，鸱夷子皮，是齐国的一个古老的商号。范蠡到了齐国以后，为了便于经商，也像现在搞企业并购一样，买下了这个商号，变成了自己的名字。

不管怎么说，“鸱夷子皮”是范蠡跑到齐国以后起的一个新名字。

范蠡带领家人，在齐国的海边，开荒种地，开始了新的艰难创业。范蠡除了亲自种地生产粮食，还利用海边的渔业、盐业资源，开展商业贸易活动。经过全家人辛勤劳动，只用了几年的时间，范蠡就发家致富了。

《史记》上记载说，范蠡“耕于海畔，苦身戮力，父子治产。居无几何，致产数十万”（《史记·越王勾践世家》），积累了数十万的家产。

范蠡的这番新的创业，几乎可以说是白手起家，从零干起。他之所以能在很短的时间内积累起来数十万的家产，靠的首先是他和全家人埋头苦干、辛勤劳作。但是，海边土质贫瘠，盐碱化严重，农业生产条件较差。所以，范蠡经营的产业，估计主要是利用当地的渔业、盐业资源，开展商品生产和商业贸易。

而在从事这种商品生产和商业贸易的过程中，范蠡所依靠的，并不仅仅是自己的力气，更重要的是，他还运用了一套理论知识作为指导。这个理论知识，就是所谓的《计然之策》。

那么，我们一再提到过的这个使得越国实现富强，又使范蠡快速致富的《计然之策》，究竟是一部什么样的奇书宝典呢？

关于“计然”，《史记·货殖列传》里面提到了三次。第一次是“昔者越王句践困于会稽之上，乃用范蠡、计然”。第二次是“计然曰”如何如何。第三次是范蠡说“计然之策”如何如何。

“计然”这两个字究竟是什么意思呢？历史上有很多种说法，直到今天也都没有定论。大致有两派意见。

一派意见认为，计然是一个人的名字。但究竟是谁的名字呢？分歧可就大了。有的说，计然是范蠡的老师，本来姓辛，名研，字文子。计然是北方人，祖先曾经是晋国的逃亡公子，后来计然跑到了南方的越国。他非常擅长经商，富有智谋，范蠡拜他为老师。东汉的时候，社会上出现了一种谚语，把善于经商理财的人，称为“研桑心计”或者“研桑心算”。其中的“研”，指的就是计然。“桑”指的是汉武帝时候的理财家桑弘羊。还有人说，计然不是范蠡的老师，实际上就是和范蠡一起辅佐越王勾践的大夫文种。

另外一派意见认为，计然不是一个人的名字，而是一部书的名字。如果是书，就应该有作者，那么，作者究竟是谁呢？分歧也很大。有人认为，这书是范蠡写的。还有人认为，越王勾践为了反败为胜，在越国组织了一个参谋班子，由范蠡领导，写成了一本书，就是《计然》，所以说，计然就是这个参谋班子的集体研究成果。

总之，“计然”这两个字，究竟是一个人的名字，还是一部书的名字，历史上有很多种说法。由于资料太少，这也许是永远也打不完的笔墨官司了，我们现在也说不清楚了。

但无论“计然”这两个字是什么意思，《计然之策》总归是范蠡经商所依据的理论知识。所以，我们把《计然之策》看成一部书，应该是没有太大问题的。

那么，《计然之策》究竟说了一些什么样的奇谋妙计呢？

《计然之策》的完整版本，已经失传了。《史记》的《货殖列传》里面，保留了它的一部分主要思想。大致上包括两个方面的内容。

一部分可以称为“富国之道”，讲的是国家管理粮食市场的办法，它的要点是国家通过平价买卖，来保持粮食市场的价格稳定。

另一部分可以称为“富家之术”，就是经营商业发家致富的办法。关于这部分内容，我们可以归纳为三个方面的商业原则。

第一个原则，叫作“旱则资舟，水则资车”。

《计然之策》开头就说：“知斗则修备，时用则知物。”就是说，要想在激烈的市场竞争当中取得胜利，就必须事先储备好商品，不能等到消费者急需了，市场上物资紧缺了，才急急火火地进货。而要想做好准备，就必须首先懂得在什么情况之下，消费者需要什么，必须了解货物有哪些特点，能够满足消费者什么样的需求。

在此基础上，《计然之策》提出了一个非常重要的商业原则，叫作“旱则资舟，水则资车，物之理也”。意思是说，大旱之年，要想到旱灾过后，可能会发生水灾，所以要提前准备好船只。大涝之年，要想到涝灾过后，可能会发生旱灾，所以要提前准备好车子。同样的道理，夏天要准备好冬天用的皮衣，冬天要准备好夏天用的麻纱。

这个原则，在商业经营中被称为“待乏”。也就是预测市场行情，提前做好准备。因为市场行情变幻莫测，商机可能稍纵即逝，只有提前做好了充分准备，才能及时捕捉住商业机会，才不至于在行情到来的时候，手忙脚乱，顾此失彼。

“旱则资舟，水则资车”的“待乏”原则，在我国工商业史上得到了非常广泛的应用。例如，我国近代的著名实业家，人称“面粉大王”和“棉纱大王”的荣德生，就是已故国家副主席荣毅仁的父亲，其非常推崇“待乏”原则，他说：“凡吾所营，即得此旨。”

第二个原则，叫作“贵出如粪土，贱取如珠玉”。

《计然之策》指出：物价从来都像波浪一样起伏波动。“贵上极则反贱，贱下极则反贵。”就是说，物价变动的规律是，价格高到了一定极限，就一定会下跌；下跌到了一定极限，就一定会上涨。

商品的买卖，必须踏准价格波动的节奏。由此，《计然之策》提出了又一个非常重要的商业原则，叫作“贵出如粪土，贱取如珠玉”。当价格涨到一定程度的时候，要把货物像粪土一样毫不吝惜地抛售出去，而当价格下跌到一定程度的时候，要把货物像珍宝一样毫不犹豫地买进来。

第三个原则，叫作“务完物，无息币，无敢居贵”。

什么是“务完物”呢？所谓“务完物”，就是在商业经营中，要严格注意商品的质量，务必使商品保持完好。

那么，“无息币”又是什么意思呢？“息”是停滞的意思。所谓“无息币”，就是不要让货币滞留在手中，必须使货币像流水一样不断地流动起来。在古代，钱又叫“泉”。泉水是流动的，并且泉水只有流动，才会越聚越多，从涓涓细流，汇成大江大河。

“务完物，无息币”，这两个方面有一个共同的目的，就是尽量加快商品和资金的周转速度。而要达到这个目的，必须做到“无敢居贵”。所谓“无敢居贵”是什么意思呢？就是绝对不能太贪心，绝对不能把价格高昂的货物居为奇货，在手里压着，捂盘惜售，而应该在价格相对理想的时候，果断脱手。这样做，虽然商品没有卖到最高的价钱，表面上看似乎有点损失，但是实际上，由于资本的流通速度加快了，资本的利用效率提高了，小步勤挪，收益水平依然是非常可观的。更何况，在实际的市场操作中，最高的价格和最低的价格，都是很难把握的（以上关于《计然之策》的引文均出自《史记·货殖列传》）。

这些就是《计然之策》的主要内容。可以看出，《计然之策》讲的全部都是商业的经营之道。

虽然我们难以搞清楚计然是一个人名还是一个书名，但是，《计然之策》不可能是范蠡的作品。从范蠡的经历来看，他从越国出走以前，并没有做过买卖。他下海经商，是从跑到齐国，改名鸱夷子皮以后才开始的。一个没有商业经验的人，是不可能讲出一套商业道理的。所以，我们认为，《计然之策》并不可能是范蠡的著作。同样的道理，计然也肯定不会是文种。

虽然《计然之策》不是范蠡的作品，计然也不会是文种，但是，无论是越国实现富强还是范蠡发家致富，都把《计然之策》作为理论根据，则是确凿无疑的。因此，我们把“计然之策”四个字说成是一部书的名字，应该是没有问题的。

《计然之策》的这些原则，在越国得到了扎扎实实的运用。比如说，越国将来要报仇雪恨，无论是发展生产还是扩军备战，都迫切需要增加人口。人口的增长，周期很长，更加需要提前做好准备。于是越国在《计然之策》的指导下，实行了鼓励生育的政策。规定：男子二十岁不娶、女子十七岁不嫁，其父母有罪。年龄相差太大的不能结婚，像八十岁的人和二十岁的人结婚，一律禁止。如果生了儿子，国家奖励一壶酒、一条狗；如果生了女儿，国家奖励一壶酒、一头猪。如果生双胞胎，国家另外奖励粮食；如果生三胞胎，国家给提供奶妈。

至于范蠡在《计然之策》的指导之下成为很成功的大商人，在历史上更是有着明确的记载。

二、陶朱事业

话说范蠡在《计然之策》指导下，白手起家，很快就发财致富了。并且他的买卖做得规模很大，在齐国的上层贵族中都产生了不小的影响，引起了他们的注意。

有的贵族就提议说，鸱夷子皮这个人，经商做买卖那么成功，他也肯定能管理好国家，我们不如就把他推举为相国吧。

贵族们一合计，一致同意，甚至还怕范蠡不干，直接派人把齐国的相国大印都送到了范蠡家里。

范蠡看着这方大印，感叹说："经营自家的产业，能获得千金，做官能做到卿相，对于一个布衣百姓来说，已经达到了人生的顶点。但是，长期享有尊崇的名声，未必是一件好事。"

于是，范蠡婉言谢绝了齐国贵族，归还了相国大印，又把家产分成若干份，分别赠送给一些朋友和邻里乡亲，自己只带着一部分家财，悄悄地离开了齐国，来到了一个他早就看中的、更加适宜做生意的地方。这个地方叫作陶。

陶这个地方，位于现在山东省定陶境内，在春秋后期，曾经是一个比较繁华的商业城市。范蠡认为，陶这个地方，位于天下的中心，交通四通八达，南来北往的物资汇聚于此，是一个经商致富的理想宝地。

范蠡一家就在陶定居下来。范蠡再一次改名换姓，不叫鸱夷子皮了，而自称朱公。古人称呼某个人的时候，都习惯把他所在的地名加在姓名的前面，所以人们就称呼他为“陶朱公”。

这个时候的范蠡，不仅名字又换成了新的，而且他的事业，也又一次从头做起，开始了全新的默默创业。他带领儿子耕地种田，饲养牲畜，同时开展商业贸易。

当然，这个时候的范蠡，已经不是当初那个刚刚辞官下海的书生了，而是一个积累了丰富的商业经验，并且是一个曾经有过巨大成功经历的大商人了。

那么，此时的范蠡，是否已经不再需要《计然之策》的理论了呢？不是的。从《史记》记载的资料来看，范蠡这个时候的商业经营活动，依然是在实践着《计然之策》

的理论。

比如说，范蠡特别重视按“待乏”原则办事，也特别重视加快资金周转。《史记》上说他“废居，候时转物，逐什一之利”(《史记·越王句践世家》)。也就是按照《计然之策》的理论，收购价格低廉的物品，先储藏起来，然后等待市场价格上涨时卖出去。而且为了加快资金周转速度，并不追求高额暴利，坚持薄利多销，只赚取十分之一左右的利润。

再比如说，范蠡在陶经商的时候，还非常重视人才和时机问题。《史记·货殖列传》说他，“能择人而任时”，“与时逐而不责于人”。

在人才和时机两个方面，范蠡的做法都非常有特点。就人才方面来说,范蠡的做法是既“择人”,又“不责于人”。什么是“择人”呢？就是非常注意选拔和使用适当的人才。我们知道，经商也好，办企业也好，人才是非常重要的，甚至可以说是第一位的。范蠡也是这样认为的。但是，范蠡与众不同的一点是，他既“择人”，又“不责于人”。什么是“不责于人”呢？就是对于为他干活的手下，并不求全责备、不过分苛求，而是待人比较宽厚。

范蠡对人比较宽厚，从不斤斤计较。然而，他对于市场时机却高度重视，丝毫也不含糊。甚至可以说，范蠡对于市场机会的重视程度，远远超过了对于人才的重视程度。

早在越国的时候，范蠡就曾经一再强调时机的极端重要性。他曾经对勾践说："臣闻从时者，犹救火、追亡人也，蹶而趋之，惟恐弗及。"（《国语·越语》）意思是说，抓住时机，就仿佛救火一样，也仿佛是追捕逃跑的罪犯一样，必须一下子跳起来扑过去，否则，稍有迟疑，就有可能来不及了。

那么，范蠡为什么"与时逐而不责于人"呢？也就是说，对于市场时机的重视，超过了对于人的要求呢？那是因为，范蠡懂得谋事在人，成事在天的道理。什么是"天"？"天"就是时机，就是形势。形势变幻莫测，时机稍纵即逝，一旦错过了良好时机，单纯靠人力，是无力回天的。

对于人才来说（尤其是对于决策者来说）千能力、万能力，最需要具备的能力，是判断局势的能力，最需要增强的能力，是把握时机的能力！

由于经营得法，范蠡又一次在比较短的时间之内获得了巨大成功，没有多久，就积累了成千上万的资产。人们一谈起天下的富豪，首先想到的就是范蠡。所谓"言富者皆称陶朱公"（《史记·货殖列传》）。范蠡俨然称得上当时天下的首富了。

但是，非常有意思的是，在这个过程中，范蠡并没有一直保有成千上万的家财，而是好几次从零开始重新创业。

这是为什么呢？难道说，是因为范蠡经营不善，赔得倾家荡产了吗？不是的。《史记·货殖列传》说，范蠡“十九年之中三致千金，再分散与贫交疏昆弟。”原来，范蠡之所以在十九年间，一而再、再而三地重新创业，是因为他几次积累了千金之财，却又几次把财产分给穷朋友和远房亲戚。

范蠡真可以说是既会赚钱又会分钱的人啊！他的这种做法，在我国的工商业历史上是非常罕见的，充满了传奇色彩。司马迁称赞他：“此所谓富好行其德者也。”（《史记·货殖列传》）说他称得上喜欢凭借财产而广施仁德的君子。

范蠡的这种做法，确实反映出他具有乐善好施的高尚品德和良好的社会责任感，也反映出他对于自己经商才干的高度自信，真是像李白的诗中所说的：“天生我材必有用，千金散尽还复来。”

但是，除了这些因素之外，范蠡这样做，究竟还有没有其他一些更加深层的考虑呢？

如果我们把范蠡那跌宕起伏、充满传奇色彩的人生经历简单梳理一下，就会发现，范蠡的一生，自始至终，贯穿着一条准则，这就是知进知退、适可而止。

范蠡一生当中的很多大事，都证明了这八个字的行为准则。例如，他在越国陪着越王勾践经历了难以想象的人生磨难，十年生聚，十年教训，用了长达二十二年的时间，才从惨败的低谷爬了出来，反败为胜，快意恩仇，官拜上将军，位极人臣。正当登上人生事业的巅峰时，他却毅然决然地抽身而退。

范蠡跑到齐国，改名叫“鸱夷子皮”，在《计然之策》的指导下，没几年就发了大财，并且引起了齐国贵族的注意，要推举他担任齐国的相国。但是范蠡再一次急流勇退，退还齐国的相印，还把家财分给乡亲朋友。

范蠡迁居陶这个地方以后，十九年间，三致千金，又几次把家财分给贫穷的乡亲朋友。

可以说，范蠡的一生当中，每当通过艰苦奋斗，达到一个事业巅峰的时候，他都要急流勇退，让自己退回到起点，从零开始，重新创业。

范蠡仿佛是一个登山的人，每一次吭哧吭哧地爬到山顶，还没有顾得上歇歇脚，欣赏一下“会当凌绝顶，一览众山小”的美妙风光，就坐上了滑梯，一下子回到山脚下，再一次吭哧吭哧地向上爬。

现在有一首流行的歌曲，叫作“活着就是折腾”。范蠡的一生，几次的大起大落，大开大阖，真正称得上大折腾啦！

历史上，无论是彪炳史册的政治家、军事家、学问家、企业家，还是普普通通的平民百姓，很多人都有过大起大落、跌宕起伏的人生经历。人生，本来就像波浪一样，有高峰，也有低谷；有涨潮，也有退潮；有得意，也有失意。

但是，很多人的起起落落、盛衰荣辱，一般来说，都不外乎是三个原因造成的。要么是社会因素，要么是自然因素，要么是自身因素。

就社会因素来说，比如说竞争激烈，等等。就自然因素来说，比如说老天不帮忙，碰上了天灾人祸，等等。就自身因素来说，比如说性格能力有缺陷，或者说年龄大了、身体差了，等等。

无论是哪个因素发挥作用，很多人的起起落落，都是被动消极的、迫不得已的，甚至是身不由己的。很少有人愿意主动地自己给自己找麻烦。

但是，范蠡的几次大起大落，唯独离开越国的时候，是迫于社会因素。因为他认识到越王勾践只可以共患难，不可以共安乐，担心自己会兔死狗烹。其他的几次回到起点，从头创业，基本上都是他主动地自己给自己找麻烦。放弃过去所有的荣誉，一切从头开始，是何等的勇气和豪迈。

现在，有不少成功的人士，自强不息，致力于二次创业。看看范蠡，他何止二次创业啊，简直是三次创业、四次创业啦！

那么，范蠡究竟为什么要一而再、再而三地折腾自己呢？

原因首先在于，范蠡对于《计然之策》的商业哲理，有着非常深刻的认识。

《计然之策》不是说过“贵上极则反贱，贱下极则反贵”吗？商品的价格，从来就是有涨有跌、有起有落的。价格涨到了一定极限，就一定会下跌；下跌到了一定极限，就一定会上涨。

商品的买卖，则必须根据价格波动的这种规律，进行反向操作。《计然之策》提出的商业原则就是，“贵出如粪土，贱取如珠玉”。当价格涨到一定程度的时候，要把货物像粪土一样毫不吝惜地抛售出去。而当价格下跌到一定程度的时候，要把货物像珍宝一样毫不犹豫地收购进来。

《计然之策》的这些理论，反映了商人们对于市场规律的认识，也与道家思想有着深刻而又内在的联系。甚至可以说是商人智慧与道家思想的结合。

《道德经》里面有一句大家都非常熟悉的名言：“祸兮，福之所倚；福兮，祸之所伏。”意思是灾祸啊，恰好是产生幸福的基础；幸福啊，灾祸就潜伏在里面。也就是说，物极必反，任何事物，发展到了一定程度，就会向它的对立面转化。祸福是相辅相成、不断转化的。灾祸可以转化为幸福，幸福也可以转化为灾祸。

市场上的价格波动就是这样。价格上涨的时候，下跌的危险性就会越来越大；价格下跌的时候，转而上涨的概率也就会越来越高。

人生也是一样，一旦达到了一个高峰，如果不再继续努力，就会不进则退，遭到社会和时代的抛弃。

基于这样的认识，《道德经》提出了知足知止的处事原则。“祸莫大于不知足，咎莫大于欲得。”灾祸没有比不知足更大的了，罪过没有比贪得无厌更大的了。为了避免灾祸，一定要懂得满足。“甚爱必大费；多藏必厚亡。故知足不辱，知止不殆，可以长久。”过于爱惜财物，一定会耗费更多的财物；收藏的多，丢失的也多。所以，知道满足，就不会受到屈辱；知道适可而止，就不会带来危险，这样才可以保持长久。

可以看出，《计然之策》的商业理论，和道家的这些思想是一脉相承的。

范蠡从年轻的时候，就受到了道家思想的深刻影响。他做事也好、经商也罢，无时无处不在实践着这种道家思想。

比如说，他经商的时候，薄利多销，只追求十分之一的利润，不就是遵循知足知止、不能贪得无厌的原则吗？

再比如说，他在功成名就、发了大财之后，一而再、再而三地千金散尽，急流勇退，从零开始，重新创业，不就是为了防止甚爱大费、多藏厚亡吗？不就是为了避免幸福转化为灾祸吗？

范蠡的一生，自始至终都贯穿着知进知退、适可而止的特点。靠着知进知退、适可而止，范蠡始终保持着奋发向上的创造力和激情活力，一次又一次地把自己的事业推上了巅峰，演出了一幕波澜壮阔、令人荡气回肠的传奇人生。

在我国历史上，范蠡被誉为“商圣”。千百年来，人们之所以推崇范蠡，并不单纯因为他是当时的天下首富，买卖做得大、事业做得成功。更重要的是，在他的身上，不仅荟萃了富而好德、乐善好施、不求暴利、买卖公道、坚毅自信、宽以待人等优秀的商业美德，而且具有善于判断时势、能够知进知退的非凡智慧。所有这些，都与范蠡深刻掌握了《计然之策》商业理论的精髓有着直接的关系。

过去，有一种说法，叫作“富不过三代”，那么，范蠡这个曾经的首富，是否也存在这样的问题呢？

现在，关于“富二代”的话题层出不穷，人们也都非常重视培养接班人的问题。那么，范蠡在发家致富之后，在培养接班人方面，有没有遇到过什么苦恼呢？如果有的话，聪明绝顶的范蠡又是怎么处理的呢？

第六章　陶朱教子

一、范蠡丧子

范蠡总共生了三个儿子，其中，小儿子是他迁居陶改称陶朱公之后出生的。小儿子长大成人的时候，范蠡家遭遇了一场很大的不幸，他的二儿子到楚国做买卖，不知何故，与人发生争执，而且不慎失手，把那人杀死，被关进了楚国的监狱里。按照法律，杀人是要偿命的，所以范蠡的次子犯的是死罪。

范蠡可不是一般人，他是天下首富，范蠡的老家也是楚国。范蠡又在越国当过多年的国家领导，朋友遍天下。要是别人有这样的条件，儿子被判了死刑，自己是首富，财大气粗，关系又多，把儿子救出来，应该不是什么难事。

即使救不出来，免除死罪，改判个无期或有期，似乎也问题不大。

范蠡也确实派大儿子带了一大笔钱到楚国找关系活动，但结果却是，不仅没有把二儿子救出来，反而使他死得更快、死得更难看。

当二儿子的尸体被运回来的时候，全家人都悲痛欲绝，范蠡却是哈哈大笑。

范蠡的表现太奇怪啦！这不是一件好笑的事啊，他笑什么？难道他经受不住这个沉重的打击，被气疯、气傻了吗？

要想揭开这个谜底，还必须从故事的开头说起。

当二儿子因为杀人，被关进了楚国的监狱里，要被判处死刑的消息传来时，范蠡的家人都急坏了，央求范蠡赶快想办法营救。

范蠡却显得非常平静，慢慢地说："杀人偿命，理当如此。不过，我也听说，千金之子不死于市。我们家富有千金，可以不在大庭广众的市场上被处死。"

在人员密集的闹市处决犯人，是古代常用的一种刑罚。这种刑罚，早在周朝的时候，就已经出现。例如，《周礼》就有"刑盗于市"的法律。在市场上，把偷东西的贼处死或者执行其他刑罚。这样做的目的，一方面是警示，为了震慑老百姓；另一方面也对犯人表示侮辱，意思是不仅要剥夺犯人的生命，而且还要剥夺他的尊严，让他死也没面子。清朝的时候，经常在北京的菜市口处决犯人，就是沿用这种做法。范蠡说“千金之子不死于市”，意思是虽然儿子依律当斩，但是也可以想办法让他死得体面些，不至于在大庭广众之下丢人现眼。

于是，范蠡准备打发自己的小儿子去楚国活动。范蠡拿出了千镒黄金，装在一个很不显眼的粗糙器具里面，用一辆牛车拉着。正当小儿子要上路的时候，范蠡的大儿子却站了出来，非要去不可。范蠡不答应。大儿子非常郁闷，就说：“在别的人家，长子就像管家一样。现在弟弟遭了难，父亲不让我这个长子去，反而让三弟去，这不是明摆着认为我无能吗？既然父亲这样瞧不起我，我干脆死了算啦！”说罢，还真的要寻死觅活。

范蠡的妻子急得团团转，对范蠡说：“现在让小儿子去，也不见得就能救出老二。如果老大再气出毛病来，有个三长两短的，那可如何是好呢？”

范蠡没有办法，只好改派大儿子去。范蠡写了一封信，让大儿子拿着去找一个庄先生，这位庄先生是范蠡过去的老朋友。范蠡又嘱咐大儿子说：“你到了楚国，把这些黄金全都交给庄先生，他要你怎么办你就怎么办，一定要听他的安排，千万不要和他争辩什么。”老大满口答应着，就上路了。但是他又担心一千镒黄金不够，临出门的时候，自己又私下带了几百镒黄金。

老大一到楚国，就打听庄先生。楚国人倒是都知道庄先生，但是庄先生的家却不大好找。在人们指点下，老大好不容易在靠近城墙边的一片荒地里，找到了庄先生的家。拨开齐腰深的荒草，才能走到门口，房子又小又破。庄先生和老伴，穿得破破烂烂，一副穷困潦倒的寒酸相。

老大原来还以为庄先生是一个了不起的大人物呐，一看这副模样，顿时凉了半截。一开始他还以为找错了人，等到弄明白了这个穷酸龌龊的老头确确实实就是父亲让他找的庄先生时，心里就想：父亲怎么让我来找这么一个人啊？

心里虽然嘀嘀咕咕，但是老大还是按照父亲的嘱咐，毕恭毕敬施了礼，把信和一千镒黄金交给了庄先生。庄先生看了信，收下黄金，说："我知道了，你赶快离开楚国回家吧，千万不要逗留。即使你弟弟被放出来了，你也不要问为什么。"

老大口头答应着，心里却是越想越不踏实：就这么一个穷酸龌龊的老头，他自己都快要饿死了，能办成什么事啊？于是，老大并没有按照庄先生的吩咐离开楚国，而是悄悄住了下来，拿出自己私下带来的那部分黄金，到处托人找关系，果然找到了一个颇有权势的楚国贵族，请他出面帮忙。

老大没有想到，人不可貌相。那位庄先生虽然身居陋巷，显得穷酸龌龊，但实际上却是一位非常了不起的隐士，他因为廉洁正直，在楚国非常有名。甚至包括楚王在内的王公大臣，都很尊重他，把他奉为老师。

对于范蠡大儿子送来的那一大笔黄金，庄先生实际上并不想要，就对妻子说："这是老朋友范蠡送来的，我们暂且收下，以后有机会再还给他。所以千万不要动用。"

庄先生就找了一个机会，入宫拜见楚王。他对楚王说："大王啊，近来我观察天象，发现某个星宿出现在了某个位置上，这可是对我们楚国不太有利啊！"

楚王非常迷信，又向来非常信任庄先生，一听庄先生的话，非常紧张，连忙问："请问先生，我们怎么办才好呢？"

庄先生说："办法倒是有，那就是实行德政来消除灾祸。比如说，可以宣布大赦，少杀人，就可以感动上天了。"

楚王说："请先生放心吧，寡人一定按照先生的教导实行德政。"庄先生告辞后，楚王就派人把储藏金银财宝的国家仓库密封起来，严加看守，准备宣布大赦了。

范蠡的大儿子找上的那位楚国贵族，听到消息，大喜，连忙跑来向范蠡的大儿子说：“好消息！好消息！国王要宣布大赦了，你弟弟马上就要释放出狱了！”

老大问：“何以见得啊？”

贵族说：“过去，国王每次要宣布大赦的时候，事先都要把仓库密封起来，以防止罪犯被放出来之后，会抢劫闹事。昨天晚上国王又派人密封金库了，说明马上又要大赦了。”

老大听了，高兴得几乎跳了起来。他认定弟弟得救已经是十拿九稳的事了，而弟弟之所以能够得救，完全靠的是这位楚国贵族出的力。那位庄先生，却丝毫没有发挥任何作用。他顿时觉着送给庄先生的那一大笔黄金，简直像白扔了一样。他心想：既然庄先生没有出什么力，就不应该得那笔黄金。不行，我得去把那笔黄金要回来！

于是，老大又来拜见庄先生。庄先生一见到他，非常吃惊，就问：“不是让你赶快回家吗？你怎么还没有走啊？”

老大说：“我是为了救弟弟而来的，事情没有办好，怎么能回去呢？现在可好了，我弟弟命大，正好赶上楚国要实行大赦，他马上就要被放出来了，我也就该回家了，所以来向您老人家告辞。”

庄先生是一个绝顶聪明的人，一听这话，立刻明白了，他来告辞是假，要回那些黄金才是真。就说：“你拿来的钱在里屋放着，原封没动，你自己进去拿吧。”老大就进屋拿上黄金走了，还为省下了这么一大笔钱而暗自得意。

实际上，庄先生是看在范蠡老朋友的面上才帮忙的，压根不想要范蠡的钱。现在，反而被范蠡的大儿子误会了，以为他是一个贪财不办事的人。庄先生感到被人羞辱了，非常气恼。

庄先生咽不下这口气，就再次进宫求见楚王，说：“大王啊，我上次说了某某星宿可能对楚国不利，大王决定要实行德政来逢凶化吉，这本来是一件好事。不过，我在街上听人议论纷纷，说陶朱公的儿子杀了人，被关在监狱里面，他家拿了很多钱贿赂大王手下的人。说大王实行大赦，并不是为了给楚国求福，而是为了释放陶朱公的儿子而掩人耳目。”

楚王一听，大怒，说道：“我虽然德行不高，但是怎么会单单为了陶朱公的儿子而大赦呢？为了证明我不是这样的，先把那陶朱公的儿子杀了再说！”当场就下令把范蠡的二儿子推到街上砍了头，而且为了以正视听，还大张旗鼓地宣传，说被处决的就是陶朱公的儿子。然后，楚王才宣布大赦。

范蠡的大儿子白白忙活了一场，不仅没有挽回弟弟的性命，反而让他死得更惨，死得更没有面子。

范蠡的大儿子把弟弟的尸首运了回来。范蠡的家人悲痛欲绝，乡亲们听说后，也都来哀悼。想不到，这个时候，范蠡却哈哈大笑，发生了开头我们讲的那一幕。

范蠡笑罢，对妻子说："我早就知道大儿子一定会让他弟弟丧命的！不是他不爱弟弟，而是他舍不得花钱。为什么当初我不愿意用大儿子，愿意用小儿子呢？因为大儿子从小和我们一起受苦，整天为生计奔忙，他知道挣钱不容易，所以把破财看得很重。小儿子不一样，他出生的时候，我们家已经很有钱了。他整天只知道坐着豪车、骑着骏马，打猎玩耍，根本体会不到挣钱的艰辛，所以不会在乎破费钱财。大儿子不去则已，他一去，事情就肯定会走到这一步上，没有什么可悲伤的。我白天晚上都在等着这个结果呢！"

二、知进知退

范蠡丧子这个故事，可能不少朋友都听说过，一般是从知子莫如父的角度来分析的。这当然没有什么问题，范蠡作为父亲，确实对于大儿子和小儿子的性格特点和处事方式，有非常清楚的了解。

但是，如果我们进一步分析，就会发现，事情并没有这么简单。因为，有两个问题非常奇怪。

第一个问题是，既然范蠡事先想明白了，如果是小儿子去，二儿子或许还有活命的可能；大儿子一去，二儿子反而死定了。那么，他为什么最终要派大儿子去呢？

前面讲过，范蠡经商，在用人方面有一个特点，叫作“择人”而“不责于人”。就是说，范蠡很善于选择人才，很善于知人善任，同时又对人比较宽厚，不求全责备，不斤斤计较。可想而知，他的手下应该少不了有本事、会办事的人。既然他明知大儿子会把事办砸了，那么，他完全可以派上几个有本事、会办事的明白人，去帮一帮大儿子，以防止大儿子办傻事啊。为什么他不这样做呢？

也就是说，既然范蠡明明知道大儿子肯定会出问题，为什么不采取一点儿防范措施呢？这不是明知故犯吗？难道说，范蠡老糊涂了吗？

第二个问题是，二儿子的尸体运回家来之后，别人都悲痛欲绝，为什么范蠡哈哈大笑呢？这绝对不是一件可笑的事情，更不是一件可喜的事情啊！人间最悲哀的事，是白发人送黑发人，丧子之痛，不知有多痛楚，范蠡亦然。然而，范蠡的笑，究竟因何而来呢？

这两个问题，究竟如何解释？

我们说，这个故事，不仅反映了范蠡对于《计然之策》商业哲理的深刻认识，也反映了范蠡作为一代商圣的高深莫测的人生智慧。

我们可以设想一下，当范蠡得知儿子因为杀人被判了死刑的时候，摆在他面前的选择无非有这么几种。

第一种选择是，不管不问，顺其自然。

第二种选择是，不惜人、财、物各种代价，全力以赴，动用各种资源，把儿子救出来。

这两种情况，显然是两个极端的选择。

现代人，有很强的法制观念，懂得遵纪守法，不管是什么人，只要犯了法，都会完全听凭司法机关以事实为依据、以法律为准绳进行处理，不会干预司法程序。所以，现代人一般都会采取第一种态度。

古代的时候，法律制度不像现在这样健全，人们的法制观念也比较淡薄，有些人（特别是一些有钱有势的人）可能会目无法纪，不择手段地拉关系走后门，可能会采取第二种做法。

范蠡是怎么做的呢？从前面讲过的故事中可以看出，范蠡走的是一条中间路线，也就是说，他既没有不管不问，也没有全力以赴。

这样一来，就使我们看到了一个非常矛盾的现象。这就是，一方面想救人，另一方面又不肯尽力。

这种矛盾，发生在绝顶聪明的范蠡的身上，是非常令人不可思议的。这个错误太低级啦！它简直就不像是范蠡做的事！

对于这种矛盾现象，当然可以做出两种解释。

第一种解释是，范蠡的确是老糊涂了。或者说，范蠡起初对老大怀有侥幸心理，想着冒险赌一把，结果是智者千虑必有一失，太粗心大意了。

相应的，第二种解释是，范蠡后来说他早就预料到了事情的结局之类的说法，纯粹属于事后诸葛亮，是范蠡为了安慰妻子，故意说的。

这些解释，当然未尝不可。因为人非圣贤，孰能无过？任何人，都难免有犯糊涂的时候；老虎尚且会打瞌睡呢,任何人也都难免会犯错误。至于说在犯了错误之后，范蠡自我解嘲，说事情本来就应该是这样的，从而给自己找回一点儿面子，似乎也不是没有可能。

但是，我们主张的，是第三种解释。

我们的看法是，范蠡身上所发生的既想救人又不肯尽力的矛盾现象,那种表面看上去很低级的错误,实际上，是范蠡故意犯的。范蠡是在揣着明白装糊涂，是在明知故犯!

讲到这里，有的朋友可能会更加一头雾水了。范蠡为什么要明知故犯啊？莫非他是精神有毛病吗？

其实，如果我们把这个事情与范蠡一生的特点和思想脉络结合起来看就会发现，范蠡在儿子问题上的矛盾现象，是非常好理解的。不反常而是很正常、不矛盾而是非常合乎逻辑。

那么，范蠡的一生究竟有哪些特点呢？

前文我们曾经总结为八个字，这就是知进知退、适可而止。范蠡一生当中的很多大事，都证明了这八个字。

无论是在越国功成名就之际的弃官从商，还是在齐国改名叫鸱夷子皮，发了大财之后，退还齐国的相印，分散家财给乡亲朋友以及在迁居陶这个地方以后，十九年间，三致千金，又几次把家财分给贫穷的乡亲朋友。可以说，范蠡的一生中，每当通过艰苦奋斗，达到一个事业巅峰的时候，都要急流勇退，把自己打回到起点，从零开始，重新创业。

范蠡之所以要一而再、再而三地自己折腾自己，根本原因就在于，他对《计然之策》的商业哲理以及道家的思想，有着非常深刻的认识。尤其是对于“祸兮，福之所倚；福兮，祸之所伏”，有着深刻的理解。懂得灾祸没有比不知足更大的了，罪过没有比贪得无厌更大的了。意识到了“甚爱必大费，多藏必厚亡”的危害。

如果弄明白了范蠡的人生特点和思想脉络，那么再回过头来看，范蠡在儿子问题上，既想救人，又不肯尽力的那个似乎矛盾的现象，就很容易理解了。

具体地说，就是，范蠡之所以想救人，是从感情出发的，是出于父亲的人之常情。父子毕竟是父子，在他那个时代，儿子面临杀头之祸，当父亲的如果无动于衷，不闻不问，没有一点儿表示，对于妻子和家人，是说不过去的，他自己也未必能够忍心。很想把儿子救出来，应该是范蠡作为父亲内心深处的真实想法。

而范蠡既想救人，又不肯全力以赴，则是从理智出发的。原因就在于，他懂得知进知退、适可而止的道理，为了避免贪得无厌的灾祸。

一方面，即使不惜任何代价，全力以赴，把儿子救出来，也未必一定就是什么好事。因为“福兮，祸之所伏”。

就范蠡本人来说，他已经在政治事业上、在经商赚钱中，获得了巨大成功，积累了堪称天下首富的巨额财富。如果这个时候仍然知进不知退、知得不知丧、知存不知亡，就有可能招致意想不到的更大的灾祸。

范蠡自己懂得知进知退、适可而止的道理，家里人（尤其是其儿子们）却不见得懂得这个道理。如果他们自以为有钱了，是天下首富，财大气粗，就可以唯我独尊、肆意妄为、违法乱纪、草菅人命了，这本身就是一个巨大的灾难！而如果救出了二儿子，也许只会更加助长这种妄自尊大的狂妄情绪，以为我们范家，什么都可以摆平，一切都可以搞定。那非得招致灭顶之灾！表面上得便宜了，说不定会引来更大的麻烦。

另一方面，儿子杀人偿命，也未必一定就是一件坏事。因为，“祸兮，福之所倚”。

儿子杀人偿命，虽然于情不忍、于心不安，但是，于理于法，却是完全理所当然的，一点儿也不冤枉。儿子被判了死刑，这当然是祸。但是，通过这个惨痛的事件，让家里人（尤其是子孙后代），都记住这个教训，能够引以为戒，能够老老实实地做人，能够谦虚谨慎地做事，能够明白知进知退、适可而止的道理，该退让的时候退让，该吃亏的时候吃亏。如果能这样，又何尝不是一件大好事呢？又何尝不是一件大幸事呢？

想到这里，范蠡能不哈哈大笑吗？

他的笑，既不是气傻了的傻笑，也不是气疯了的狂笑，还不是无可奈何的苦笑，而是透着一代商圣高深莫测大智慧的笑！

三、富过三代

后来的事情，证明了范蠡的笑，是非常有道理的。《史记·货殖列传》记载：范蠡“后年衰老而听子孙，子孙修业而息之，遂至巨万”。范蠡后来年老力衰，就把经营产业的事情完全交给了子孙，自己就退休了，安享晚年。在子孙们的经营下，范家的产业有了更大规模的发展，达到了“巨万”。“巨万”是什么概念呢？大概相当于现在的亿万了。

范蠡退休以后，“陶朱公”三个字，可能变成了范家的一个商号，被范蠡的子孙后代一代一代地传了下来，商号的董事长兼总经理，也被称为陶朱公。到了战国的时候，陶朱公这个商号依然存在，而且影响更大了，几乎达到了富可敌国的程度。

我们是如何知晓的呢？汉代刘向写的一本书，叫《新序》，里面讲了这样一个故事。

战国时代，梁国发生了一个难以断定的案件，大臣们有的认为有罪，有的人认为无罪。面对这两种极端的意见，梁王也很疑惑。正当不知如何是好时，梁王急中生智，想起了一个人。他说："陶之朱公，以布衣富侔国，是必有奇智。"就是说，陶朱公，靠着布衣百姓的身份，却能够富可敌国，能做到这一点，肯定是因为他有超乎常人的智慧。我们就把陶朱公请来，请教一下他的意见吧。

于是，梁王就把陶朱公请来，对他说："梁国有难以断定的案子，断案的人一半认为有罪，另一半认为无罪，我也感到很棘手，请先生来判断一下这个案子，怎么办好呢？"

陶朱公谦卑地说："大王啊，我只是一个卑贱的小民，也不懂得怎么断案子。既然大王让我说话，那么，我就举一个例子吧。我家里有两个白色的玉璧，它们的颜色、大小、光泽都差不多，但是它们的价钱，一个能卖千金，另一个只能卖五百金。"

梁王说："大小和色泽都差不多，为什么价钱差别这么大呢？"

陶朱公说："这是因为如果从侧面看，一个玉璧的厚度是另一个玉璧的两倍，所以，厚的那个玉璧能卖千金，薄的那个只能卖五百了。”

陶朱公的意思，实际上是说，做人要厚道，不能太刻薄了。玉璧宽厚，就能值钱；待人宽厚，就能得人心。比如说，可以定罪也可以不定罪的，就尽量不要定罪；可以奖赏也可以不奖赏的，就尽可能奖赏。

梁王明白了陶朱公的话，就把这个难以判断的案件从轻发落了。对于这个判决，梁国人果然非常高兴。

刘向在讲述了这个故事以后，评论道：由此看来，做任何事情，都应该尽量宽厚，不应该刻薄。比如说，墙如果薄了就容易坍塌，丝织品薄了就容易被撕裂，器物薄了就容易被毁坏，酒味淡薄了就容易发酸。薄的东西，是很难保持长久的。所以，掌握权力的统治者，应该尽量厚待百姓，只有这样，才有可能长治久安。

这个故事里面所说的陶朱公，一般认为不是范蠡，而是范蠡的后代，因为范蠡是不可能活到战国时代的。这个故事如果是真实的，那么，可以证明范蠡的后代一直没有从事政治，而属于平民百姓，属于专业化的工商业者。而且，买卖做得非常之大，达到了富可敌国的程度。

这个现象非常值得注意。它表明，范蠡开创的家族企业当中，虽然也曾经有过儿子触犯法律的事情，但是并没有出现富不过三代的问题。可以说，范蠡在培养继承人方面，做得也是非常成功的。

那么，范蠡究竟是靠什么培养后代的呢？最主要的，大致有两点。

第一，知进知退、适可而止的人生智慧。从范蠡的一生可以看出，知进知退、适可而止，既可以始终保持着奋发向上的创造力和激情，也能够做到富而无骄、居安思危，有效地避免灾祸。

第二，宽以待人的处事原则。只有宽以待人，才能够照顾别人的利益，不过分追求暴利，做到买卖双方的互利互惠；只有宽以待人，才能够富而好德，周济穷人，尽到社会责任；只有宽以待人，才能够遵纪守法，不伤天害理。

从后代的表现来看，范蠡的这些人生智慧和处事原则，确确实实传给了他的后代，并且被他的后代发扬光大。

范蠡的后代，不仅继承了范蠡的人生智慧和处事原则，把范蠡开创的家族企业做大做久，富可敌国。而且，范蠡的后代，还热心于商业教育，把自己的商业经验传授给了一个贫穷落魄的年轻人，并把这位年轻人培养成了富比王侯的大富豪。

这位幸运的年轻人是谁呢？他的名字叫猗顿。

猗顿，是战国时代的鲁国人。他是一个普普通通的百姓。在古代平民百姓是没有姓的，猗顿也是一样，他的名字本来只有一个字，叫作顿。因为后来他在一个叫猗氏的地方定居，并且发了大财，所以人们就称他为猗顿了。

猗顿年轻的时候，穷困潦倒，基本上是干什么赔什么，一事无成。他耕地种庄稼，却经常饿肚子；他养蚕织布，却经常受冻。饥寒交迫，生活非常艰难。

猗顿听说陶朱公是天下首富，羡慕极了，就专程从鲁国赶来，向陶朱公拜师学艺。陶朱公并不因为猗顿是一个不名一文的穷小子，就瞧不起他，而是很热情地接待了他，并且根据他缺乏资金的弊端，告诉他："你如果想快速致富，就应该去饲养牲畜。"

猗顿听了陶朱公的指点，就来到了西河猗氏一带，也就是现在的山西省南部。这一带土壤潮湿、草原广阔，非常适宜放牧牲畜。猗顿就在这个地方，从几只牛羊起步，开始了自己的创业。

过了十几年的时间，猗顿的牛群和羊群，经过不断繁殖，已经多得数不胜数。

猗氏所在的这个地方，除了适宜饲养牲畜，还有一个很重要的资源，就是池盐。起先，猗顿在贩卖牲畜的时候，经常顺便用牲畜驮一些池盐，运往外地连同牲畜一起卖掉。慢慢地，猗顿发现，贩卖池盐的利润要更大些。于是，他就利用饲养牲畜掘到的第一桶金，逐步向经营池盐的生产和贸易转移。

最后，猗顿终于靠经营池盐发了大财。《史记·货殖列传》说他“与王者埒富”，达到了富比王侯的程度。

范蠡的后人，把猗顿这个穷小子培养成了一代富豪。这反映了范蠡的后人们依然保持着乐于助人、乐善好施的优良传统。

实际上，战国时代，像范蠡的后代这样热心商业教育、乐于培养人才的企业家，还不止陶朱公一个。

有一个大企业家，在专门培养工商业人才方面，甚至还形成了比较完整的教育体系。他的这项工作，大概可以称得上我国历史上最早的商学院了。

那么，这个大企业家究竟是谁呢？他做了什么呢？

第七章　商祖白圭

一、人弃我取

话说秦朝末年，在靠近边境有一个地方，叫作督道县。这一带因为地处边境，平时驻扎着一些军队，所以储藏了不少军需粮草，还有一些犒饷军队的金银财宝。

有一天，一个惊人的消息传到了这个沿边小县：汉王刘邦打下了秦朝首都咸阳，秦王子婴被迫投降，曾经不可一世的秦朝土崩瓦解了！

闻此讯息，地方官和驻扎在那里的军队纷纷四散而逃，这个沿边小县立刻像其他地方一样，陷于群龙无首的无政府状态，秦朝原来的国家仓库，也一下子变成了没有主的东西。当地的一些豪强争相打开仓库，抢夺值钱的金银财宝。转眼之间，所有的仓库都被洗劫一空，唯独粮仓无人问津。

为什么没有抢粮仓的呢？因为在一般人眼里，粮食不如金银财宝值钱，即使一万石粮食也换不了多少钱。兵荒马乱的，人们四处逃难，也带不了多少粮食。所以没有人把粮食当回事。

这时候，有一个看守粮仓的管理员，却是独具慧眼。这个粮仓管理员，也不知道他叫什么名字，只知道他姓任，人称任氏。为什么说他独具慧眼呢？因为，他懂得一个很简单的道理，就是民以食为天，不管什么时候，人都要吃饭的，所以无论何时，粮食都是最重要的东西。于是，他连忙带领家人，挖了一个又一个大地窖，悄悄地把仓库里没人管也没人要的粮食，一车又一车地运了出来，埋进了自家的地窖里面。

秦朝灭亡不久，刘邦和项羽打了起来，历史上叫作楚汉战争，而且一打就是四五年。因为长期战乱，农民没有办法种地，土地大片荒芜，粮食越来越少，粮价也越来越高。平时只卖几百个铜钱的粮食，后来猛涨到了一万多个铜钱。一时之间，饿殍遍地。过去那些抢夺金银财宝一度发了财的人，也只好拿金银财宝来换粮食。

任氏不慌不忙地把地窖里的粮食拿出来卖，卖了一批又一批，不长时间，就把当地的金银财宝差不多都收入了自己的囊中。

如此，任氏就从一个普普通通的仓库管理员，摇身一变，成了远近闻名的大富豪。

任氏的发财，靠的是倒卖粮食，那么，他的做法说明了什么道理呢？

我们在前面曾经讲到过，战国时代的大商人白圭提出了一个非常有名的经商秘诀，叫作“人弃我取，人取我与”。这个经商秘诀，与美国股神沃伦·巴菲特所说的投资格言“别人贪婪时我恐惧，别人恐惧时我贪婪”，是完全一样的。说的都是逆向思维，反向操作。

我们看看任氏，当别人都去抢夺金银财宝，粮食像粪土一样无人问津的时候，任氏不去跟风抢夺金银财宝，单单收藏粮食。这不是“人弃我取”吗？而当粮食短缺，价格高涨时，任氏卖出粮食，收进金银财宝，这不是“人取我与”吗？

任氏能发大财，靠的就是白圭的八字秘诀。

实际上，又何止是任氏呢？如果我们放眼全世界的工商业经济发展的历史，就会发现，古往今来，有很多成功的工商业者，他们的成功靠的也是白圭的这八个字。

别的不说了，单说我国近代著名的爱国华侨商人、厦门大学的创办者陈嘉庚先生吧，他就对白圭的这八个字推崇备至，并且根据这八个字，推陈出新，总结出了自己的经营之道，也是八个字，叫作“人弃我取，人争我避”[1]。

可以说，白圭的八个字，直到今天，依然闪烁着真理的光芒。但是，我们不要忘了，白圭可是两千多年以前的人物。

那么，为什么在距今两千多年以前的战国时代，白圭就能够提出如此先进的商业理论呢？他究竟有着怎样的传奇故事呢？

白圭，名字叫丹，是战国时代的周人，也就是现在河南洛阳一带的人。

白圭是一个商人，也曾经做过官。但究竟是先经商后做官呢，还是先做官后经商呢？史书上没有明确记载，现在已经搞不清楚了。

白圭不仅提出了“人弃我取，人取我与”的八字商业经营理念，而且他自己也是这种理念的大力实践者。

白圭从事的生意，主要是粮食、蚕丝等农副产品的买卖。在当时，这可不是大多数富商大贾所愿意经营的业务。

那么，在当时，多数富商大贾都经营些什么样的业务呢？主要是两大类。

一类是珍宝奇玩之类的奢侈品，这些商品主要面向

1　赵靖主编：《中国近代民族实业家的经营管理思想》，云南人民出版社 1988 年版，第 20 页。

有钱人。有钱人买东西有什么特点呢？叫作“只买最贵的，不买最好的”。所以，经营与有钱人打交道的奢侈品买卖，利润大，赚钱多。利润率有多高呢？比如，大家熟悉的吕不韦曾经问过他的父亲：“种田能获得多少利润？”父亲说：“十倍。”吕不韦又问：“经营珠宝玉石能获多少利润呢？”父亲说：“百倍。”

实际上直到今天，各种名目的奢侈品利润率仍是非常之高的。比如说，同样是德国产的汽车，大众汽车平均每辆车的税前利润只有三百欧元，而保时捷，每辆跑车的税前利润竟然高达二万欧元。

另一类是资源性的大规模商品生产，例如，像陶朱公的学生猗顿经营的煮盐业，寡妇清经营的开采朱砂矿，还有一些开采铁矿的行业，也是发家致富比较快的行业。

盐、朱砂、铁，这一类商品，需要量很大，应用面很广。比如说盐，不管是穷人，还是富豪，任何人都得吃饭，只要吃饭，就得吃盐。铁也是一样，不管是务农，还是做工，谁都离不开铁制工具。

但是这些东西的生产，却受到一些限制。首先，资源有一定的垄断性，不是随便哪个地方都有的。其次，这些行业还有一定的进入门槛，没有一定的资金实力不行，不是随便什么人都能干得了的。所以从事这种生产，也是富商大贾比较集中的行业。

粮食、蚕丝等农副产品的买卖就不一样了。

一方面，打交道的对象，主要是普普通通的农民和手工业者，而农民和手工业者是没有多少钱的，每一笔交换的利润率不可能很高，要想赚钱，必须把贸易量做上去，靠规模取胜。

另一方面，进入的门槛不高，无论本钱多的还是本钱少的，都可以干，所以竞争也相对比较激烈。赚起钱来，要比奢侈品以及具有稀缺性、垄断性的资源类商品生产更辛苦一些，多数富商大贾是不屑一顾的。

但是，白圭却反其道而行之，主要从事粮食、蚕丝等农副产品的买卖，他所走的，不恰恰就是“人弃我取，人取我与”的路子吗？

在具体的经营过程中，白圭更是全面贯彻了“人弃我取，人取我与”的八字秘诀。

他的做法，有两句话，叫作：“岁孰取谷，予之丝漆；茧出取帛絮，予之食。”（《史记·货殖列传》）就是说，每年秋天粮食收获的时候，粮食大量上市，价格低廉，白圭就逢低收购粮食。与此同时，他又把农民在秋冬农闲季节需要的丝、漆之类的手工业原料卖出去。每年春季，蚕丝大量上市，价格低廉，白圭就逢低收购蚕丝，同时，由于这个季节粮食青黄不接，粮价上涨，就把去年积存的粮食卖出去。

我们知道，商业都是靠贱买贵卖的买卖差价赚钱的。买卖差价的由来，无非两种情况。一种是生产者和消费者之间的空间性差价，另一种是不同季节、不同年份之间的时间性差价。在古代，虽然同一种东西，在不同的地方价格差别很大，但是，由于交通非常落后，运输成本很高，一些和老百姓日常生活关系密切的大众消费品，很难进行空间移动，从而很难赚取空间性差价。司马迁在《史记·货殖列传》里面说的“百里不贩樵，千里不贩籴”，就是这个道理。

白圭赚的是时间差价，每一个季节，都有买有卖，有取有予。通过这种经营，白圭成为非常成功的大商人。

除了坚持“人弃我取，人取我与”的原则，赚取这种季节性差价之外，白圭还根据气候变化和农业生产波动的规律，赚取不同年份之间的年景差价。也就是，风调雨顺的丰收年份大量廉价收购粮食，到了有旱涝灾害的歉收年份高价卖出。

农业生产，自古以来就是靠天吃饭。气候变化对于农业生产的收成有很大影响，这一点没有什么问题。但是，白圭究竟怎么知道哪个年份是丰年，哪个年份是歉年呢？

现在，我们预测气候变化，都依靠气象局。尽管已经有了气象卫星帮忙，我们现在的天气预报，仍然不能说是非常准确的。那么，在两千多年以前，白圭靠什么预测呢？

白圭所依据的，是当时流行的一种天文学理论。这种理论认为，天上的木星（又叫岁星、太阴，也就是民间所说的太岁），每年换一个地方，十二年围绕太阳一周，形成一个周期。随着天上木星位置的变化，地上的气候也发生周期性的变化，有的时候大旱，有的时候大涝，有的时候风调雨顺，有的时候不好不坏。相应的，农业收成也有好有坏、有丰收、有歉收。

这种理论，最早在《计然之策》里面提出过，白圭做了更加全面、更加详细的说明。白圭就是根据木星位置的变化，预测气候变化，进而预测粮食市场行情。

非常有意思的是，这种理论竟然与19世纪后期英国著名经济学家威廉·杰文斯（W.S.Jevons）提出的“太阳黑子说”非常相似。杰文斯的“太阳黑子说”认为，太阳黑子的变化，大约11—13年一个周期。太阳黑子的这种变化，会直接影响气候的变化，进而影响农业的收成，从而使经济出现周期性循环的特征。杰文斯的“太阳黑子说”被公认为西方最早的经济循环理论，但是《计然之策》和白圭木星周期理论却比它早了整整两千多年。

无论是木星运动理论，还是“太阳黑子说”，都是不太科学的，与现在的气象卫星相比，就更是原始落后了。然而，它们都是人类试图揭示经济规律的智慧结晶，在历史上有着非常重要的价值。

根据这种理论，白圭能大体预测粮食丰歉的变化规律，提前做好准备，从而把“人弃我取，人取我与”的八字秘诀运用到了极致，最终成为非常成功、天下瞩目的大商人。

在我国历史上，白圭被誉为商人的祖师爷。司马迁就说：“天下言治生祖白圭。”（《史记·货殖列传》）意思是说，全天下经营产业的人，都学习白圭、效仿白圭，都把白圭奉为祖师。

白圭凭什么得到这样高的地位和声誉呢？并不单纯因为他是一个非常成功的商人，更重要的是，白圭完全称得上我国先秦时期商业理论的集大成者。他把当时的商人智慧和道家、儒家、兵家、法家等诸子百家的思想熔于一炉，构建了一套比较完整的理论体系。白圭还开门授徒，大力开展商业教育事业。拿今天的话来说，就是创办了我国历史上最早的商学院。

白圭集商业实践家、理论家、教育家于一身，他被奉为一代宗师，完全是当之无愧的。

白圭的商业理论，最主要的东西有哪些呢？我认为，最重要的，是十二个字。这十二个字当中，除了前面说到的“八字秘诀”，即“人弃我取，人取我与”，另外还有四个字，我们可以称之为“四字箴言”。

二、“智勇仁强”

所谓四字箴言，就是“智、勇、仁、强”。这四字箴言是干什么用的呢？这就是白圭开办商学院的教学内容了。

我们知道，孔子可以说是我国历史上最早的民办大学校长,孔子培养学生的教学内容包括六个方面,叫作“六艺”，就是礼、乐、射、御、书、数。

那么，白圭开办了我国历史上最早的商学院，他的教学内容，就是“智、勇、仁、强”。

白圭曾说，如果“智不足与权变，勇不足以决断，仁不能以取予，强不能有所守，虽欲学吾术，终不告之矣”（《史记·货殖列传》）。就是说，如果做不到智、勇、仁、强，最终是不可能学到我的经营之道的。

白圭对于自己的商业理论和商业活动，非常自信。他曾宣称：“吾治生产，犹伊尹、吕尚之谋，孙、吴用兵，商鞅行法是也。”（《史记·货殖列传》）就是说，我在经营产业时，就像是伊尹、姜子牙那样老谋深算，也像是孙武、吴起用兵作战那样变化无穷，还像商鞅执行法令那样坚定明确。

白圭把自己的商业理论和商业活动，与这些著名的政治家、军事家相提并论，他不是非常自负、过度自信吗？

白圭的自负、自信其实是胸有成竹。司马迁就评论说：“白圭其有所试矣，能试有所长，非苟而已也。”（《史记·货殖列传》）意思是说，白圭的说教，是经过了他自己的实践检验，并且在实践中获得了成功。白圭并不是浪得虚名，不是瞎忽悠人。

实际情况也的确是这样。白圭的商业理论和教学内容，确确实实影响了很多商人，并使这些商人获得了巨大成功。

那么，白圭的“智、勇、仁、强”的四字箴言究竟有什么深刻的内涵，蕴藏着什么商业智慧？又有哪些相关的传奇故事呢？

我们先来看第一条——“智”。

所谓的“智”，按照白圭的说法，就是“权变”。什么是“权变”呢？就是随机应变的智慧。权的本意是秤砣。稍微有一点儿生活经验的人都会知道，卖东西的人在称东西的时候，秤砣在秤杆上的位置是不固定的，要想称得准确，一定得按照秤盘上的物品的重量，来回调整秤砣的位置。因此，所谓的“权变”，就是头脑要灵活，凡事不能一根筋，不能一条道走到黑。

在这方面，有一个很典型的例子，就是《史记·货殖列传》记载的乌氏倮倒手致富的故事。

话说战国末年，有一个地方叫乌氏（zhī），就是今天的甘肃省平凉一带。乌氏这个地方有一个人，名叫倮（luǒ，裸），人们都称他乌氏倮。

乌氏倮这个人，本来是一个普通的牧民，靠放牧牲畜为生。经过十几年的艰苦努力，他所饲养的牲畜已经成群结队，小有规模了。

有一天，乌氏倮放羊，来到了一个山顶上，他四下张望，只见一座座山峦之间，漫山遍野的羊群和牛群，像云彩一样，飘来飘去。他知道，那是西域国王的财产。他很感慨，自己什么时候能有国王那么多的牛羊呢？要按照现在这样按部就班的干法，恐怕一辈子也没有指望了。唉，要是能超常规、跨越式发展，那就好啦！

可是，究竟怎样才能打破常规，实现跨越式发展呢？乌氏倮动起了脑筋。

乌氏倮把自己所有的牲畜都卖掉，随后拿着钱到了中原一带，买来了一批珍奇的高级锦缎，然后他把这些锦缎运到西域，一件不留地全部献给了一个小王国的国王。这个国王平白收到了这些珍贵的高级锦缎，不由得兴高采烈。

人家虽然是国王，也懂得“来而不往非礼也”的道理。国王问：我拿什么回报你呢，我的朋友？乌氏倮说，我不要别的，只要牲畜。西域的国王一听，那就太好办了！因为我们这里，最不缺的，就是牛羊了。国王就当场赏赐给乌氏倮一大批牛羊。这些牛羊多到什么程度呢？多得数都数不过来了，只能说有多少个山谷的牛羊！后来，乌氏倮算了一下，这些牛羊的价值竟然比他献给国王的锦缎多出了十几倍！

就这样动了动脑筋，一卖一买倒了倒手，乌氏倮的财富就一下子翻了若干番。乌氏倮真可以说是头脑灵活、富有智慧的人啊！

白圭提出的四字箴言的第二条——“勇”。

所谓的“勇”又是什么意思呢？就是“决断”，也就是坚决果断的勇气。白圭特别强调，在捕捉商业时机、抓住市场行情的时候，尤其要有坚决果断、敢于冒险的勇气。他说：“趋时若猛兽挚鸟之发。”（《史记·货殖列传》）就是说，抓住赚钱的时机，应该像猛虎雄鹰扑向猎物一样，毫不犹豫，迅猛果断，不怕冒险。

在这方面，《史记·货殖列传》里面也记载了一个非常典型的例子，就是无盐氏高息放贷的故事。

话说汉景帝的时候，在现在的江苏、江西、湖南、湖北、山东、河北等地，发生了吴楚七国之乱。带头叛乱的，是吴王刘濞。刘濞是汉高祖刘邦的侄子。早在汉文帝的时候，刘濞就有了反抗西汉中央之心。起因是刘濞的儿子来到西汉首都长安，有一次与时任皇太子的汉景帝在喝酒游戏的时候发生了争执，汉景帝大怒，抡起棋盘向他打了过去，结果当场把刘濞的儿子给打死了。刘濞怀恨在心，开始积蓄力量，准备造反。他利用境内的铜矿铸造铜钱，又利用盐业资源卖盐赚钱，经过三十多年的积累，经济力量和军事力量都很强大了。

汉景帝即位以后，为了加强中央集权，采纳了御史大夫晁错的意见，实行削藩，逐步剥夺各地诸侯王的权利，西汉朝廷和诸侯王的矛盾迅速激化。刘濞就联合其他六个诸侯王，以杀晁错、清君侧为旗号，正式发动了叛乱。由于刘濞蓄谋已久，参与叛乱的诸侯王又多，一时之间，叛军声势浩大，局势十分危急。

这场叛乱，是西汉建立以来遇到的一次最严重的政治危机。汉景帝也一下子懵了头，竟然杀死了晁错，企图与叛军妥协，但是叛军并不因此罢兵。汉景帝只好任命周亚夫，带领三十六将军前去平叛，同时命令居住在长安城中的列侯封君，也都要随军出征。

这些奉命上前线的列侯封君，为了准备武器行装、还有路上的开销，纷纷向富豪们借钱。富豪们心想：这些列侯封君的封地，都位于关东地区，那里几乎全都变成了战场，列侯封君们借了钱，靠什么来还呢？况且这场战争究竟谁胜谁负，还很难说呢。一旦西汉朝廷失败了，借出去的钱不就全打水漂了吗？结果，富豪们没有人肯把钱借给他们。

这个时候，只有一个叫无盐氏的站了出来，说我愿意提供一千镒黄金的贷款，但条件是要十倍的利息！也就是利息高达 1000%！

无盐是复姓，这个无盐氏虽然也算是有钱人，但是在首都长安的富豪中，还数不着他。尽管他要的利息高得离谱，但是列侯封君急等钱用，也只好认了。

最终的结果是，吴楚七国之乱只用了三个月，就被周亚夫平定了。当初借钱的列侯封君们陆陆续续还上了钱，无盐氏收回的利息，比本金多出了十倍。这样一下子，无盐氏的财富就与关中最有名的富豪平起平坐了。

很显然，无盐氏这一次能够取得成功，靠的就是有勇气、敢冒险。这不仅表现在别人都不敢放贷，唯独他敢。而且也表现在他敢于一下子要十倍的利息。平常，一倍的利息，也就是所谓的“倍称之息”，就已经算是了不得的高利贷了，无盐氏竟敢狮子大张口，一下子要十倍，他的胆量、气魄和想象力，也确实是够惊人的。

当然，无盐氏要的也不是没有道理。利息的高低，通常取决于两个因素，一个因素是资金的供求状况，另一个因素是贷款的风险程度。利息的高低，与资金多少成反比，与风险程度成正比。也就是说，市场上的资金量越多，利息越低；贷款的风险越大，利息越高。在别人都不肯放贷的情况下，无盐氏的黄金，就成了极端稀缺的资源，物以稀为贵，利息当然应该高。战争形势前途未卜，又意味着贷款的风险很大，利息就更应该高了。任何投资，收益都是与风险同在的。风险大的时候，恰恰也是获得高收益的良机。无盐氏用超人的胆略，果断地抓住了这个良机。这就是所谓的“勇”。

另外值得一提的是，无盐氏能够连本带利收回贷款，在客观上也得益于当时比较好的投资环境。向无盐氏借钱的列侯封君们，都不是一般的人物，而是一些有权有势的贵族。他们在借钱时，并不认为无盐氏是在趁火打劫、敲竹杠、发国难财；打了胜仗之后，也没有倚仗权势，打白条，赖账不还。这说明当时的人们（包括有权有势的人）还是比较重合同、守信用的。这一点很重要。如果有权有势的列侯封君，仗势欺人，无盐氏这个连名都没有的小老百姓，无论多么有钱，也是胳膊扭不过大腿，弄不好就会血本无归。这种情况，在政治权力支配一切的中国封建社会，我们见得还少吗？

白圭提出的四字箴言的第三条——“仁”。

所谓的“仁”，就是仁义之心。白圭认为，商人的仁义之心，表现在一取一予的过程之中。也就是，商人必须懂得“取予”之道，必须“取予以仁”。

什么是“取”呢？“取”除了买进，还有获得的意思。什么是“予”呢？“予”除了卖出，还有付出的意思。所谓的“取予以仁”“取予有道”，也就是得到应该得到的，同时，又付出应该付出的。对于商人来说，就是公平买卖，诚实经营，既得到合理的报酬，同时也要让客户得到物有所值的好处。

商人必须有仁义之心，这是白圭提出的一个非常重要的思想，非常值得我们重视。

有朋友可能会说，商人终究是商人，商人不是民政部门，也不是社会福利院，商人是必须要赚钱的，不赚钱就不是商人了，商人赚钱，天经地义、理所应当。

白圭认为，商人赚钱，确实是天经地义、理所应当的。但是，商人有仁义之心，也是天经地义、理所应当的。为什么呢？因为世界上的一切商业活动，实际上都只跟两个字打交道，一个是“取”，一个是“予”。而“取”，又是以“予”为前提的。商人之所以应该赚钱，是因为他们给客户提供了物有所值的产品或者服务。他赚的钱，是他这些付出的应该获得的报酬。要赚钱，必须先付出。天底下，没有只获得、不付出的。你要想赚大钱，就必须给客户物有所值的付出。比如说，做奶粉的不能往里面掺三聚氰胺，建房子修大桥的，不能用竹片代替钢筋。对于商人来说，仁义之心不是别的，诚实守法、公平买卖，就是仁义之心。不要以为干伤天害理的事能赚便宜，出来混，早晚要还的。

商人要赚钱，这种说法当然没有任何错误。但是，有了仁义之心，难道就不能赚钱了吗？或者说，要赚钱，就不能有仁义之心吗？

白圭用自己的实际行动证明，有仁义之心，不仅能赚钱，而且能赚大钱。

白圭是怎么做的呢？他有两个具体的做法。一个做法，是在“人弃我取，人取我与”的时候不杀跌不追涨；另一个做法，是在经营品种上，适应大多数消费者的需求。

我们先看第一种做法。就是在粮食或者蚕丝等农副产品大量上市、价格比较低廉的时候，及时买进又不过分压价；而在这些农副产品短缺、价格比较高昂的时候，及时卖出又不过分抬价。

这样做，对于广大农民和工商业者来说，也是非常有利的。常言道："谷贱伤农，谷贵伤民。"白圭在农副产品丰收价格下跌的时候，大量买进又不压价，可以一定程度上缓解农民卖粮难的问题，缓和价格下跌的趋势，对于农民是有利的。而在农副产品供不应求的时候，大量卖出又不抬价，可以缓和价格的过分上涨，对于众多需要购买粮食和手工业原料的工商业者来说，也是有利的。

这样做，对于商人来说，同样也是有利的。虽然买进卖出的价格比别人优惠一些，却仍然能够赚到很多钱。因为，"时贱而买，虽贵已贱矣；时贵而卖，虽贱已贵矣"（《战国策·赵策三》）。什么意思呢？就是当物资大量上市、市场价格的总体水平都比较低的时候，即使买进的价格稍微高一点儿，相比青黄不接的时候，也是便宜的；当商品供不应求、价格的总体水平在高位运行的时候，即使卖出的价格稍微便宜一点儿，相比大量上市、供过于求的时候，也是贵的。所以，真正了不起的商人，是不会计较"毛儿八分"的小利润的，只要把握好了市场变化的大形势，仍然能赚大钱。

白圭在既要有仁义之心又要赚钱方面的第二个具体做法，是在经营品种上，适应大多数消费者的需求。

在这一方面，白圭提出了十二字的原则，叫作"欲长钱，取下谷；长石斗，取上种"（《史记·货殖列传》）。

意思是，在做粮食生意的时候，如果是口粮，就买卖质量较差的，这样可以多赚钱；如果是种子，就买卖质量较好的，这样可以增加粮食产量。

拿“下谷”，也就是质量较差的粮食当口粮，是不是在搞假冒伪劣，以次充好呢？不是的，因为那个时代，广大农民和手工业者没有钱，消费水平低，只要能吃饱饭就行，并不讲究精米细粮。所以，口粮质量差点、卖得便宜，更能适应消费者的需求。“下谷”虽然非常便宜，利润少，但是因为老百姓的需求量大，需求弹性小，薄利多销，照样能够赚到大钱。

而要增加粮食产量，就必须保证种子的质量。农民打粮食多了，商人经营的基础才会牢固。照顾了农民的利益，恰恰也就照顾了商人的长远利益。

白圭特别鄙视那种搞坑蒙拐骗、假冒伪劣、杀鸡取卵的做法。这种做法不仅伤天害理、坑害农民，而且最终也会损害商人自己的长远利益。

可以说，白圭的“取予以仁”，“取予”有道，就是商人利益和社会利益的协调统一。

显而易见，白圭的“取予以仁”，“取予”有道，与投机倒把、囤积居奇，完全是两码事。什么是投机倒把、囤积居奇啊？就是在商品供过于求的时候，仍然恶意杀价，持币待购，观望不买。而在商品供不应求的时候，又故意抬价，捂盘惜售。这样做，人为加剧了市场波动，虽然短期能够赚钱，却破坏了商业赖以存在的经济基础。这种投机倒把、囤积居奇的行为，从管仲的时代起，就是政府干预的打击对象。历朝历代所有负责任的政府，都以平抑物价、缓解经济波动为己任。白圭的做法，与政府干预的取向是一致的。

我国的传统商业文化，从来就不否定商人赚钱的合理性。但是，在我国的传统商业文化中，商人又是有好坏之分的。以白圭为代表的能够照顾社会大众利益的商人，被称为“廉贾”“良贾”；与之相反的投机倒把、囤积居奇，只顾自己赚钱，不管别人死活的商人，则被称为“贪贾”“恶贾”。

从长远来看，“廉贾”的经营业绩丝毫也不亚于“贪贾”，而且比“贪贾”赚钱更多。司马迁有一个很好的总结，叫作“贪贾三之，廉贾五之”（《史记·货殖列传》）。什么意思呢？就是说，“贪贾”只能赚三分利，“廉贾”却能够赚五分利。道理在于，“贪贾”过分追求每一笔生意的利润，追涨杀跌，短期看虽然赚钱了，但实际上降低了资金周转速度，并不能真正得大利。反之，“廉贾”不斤斤计较，不求暴利，表面上虽然吃亏了，但实际上加快了资金周转，总的来看却是划算的。

司马迁还用做官来比喻，说明“廉贾”比“贪贾”

更富的道理。他说："廉吏久，久更富，廉贾归富。"（《史记·货殖列传》）就是说，在政府机关，廉洁自律的官员，才能干得长久，他们不贪污受贿，老老实实拿工资，工资虽然看上去不多，但是因为工作时间长，总的数目还是很大的。贪官污吏虽然能够发财，但是一旦被"双规"了，就会前功尽弃，后半辈子也全搭进去了，只会受穷。所以说，不贪婪的"廉贾"，得到了消费者的信任，积少成多，终究会富起来。

白圭开办我国最早的商学院，用"取予以仁""取予"有道来要求商人，就是希望商人能够把自己的利益和社会的利益协调起来，让商人明白利己先利人、害人终害己的道理，把所有有智慧的商人培养成为"廉贾"。

过去，社会上有一种说法，叫作"无商不奸"。难道说，商人都是奸诈的吗？不搞欺诈，就不能赚钱了吗？让我们看看白圭吧！这位商人祖师爷的所作所为，为我们提供了很好的答案。

白圭提出的四字箴言，除了智、勇、仁之外，还有一项——"强"。"强"是什么意思呢？白圭自己的解释，叫作"有所守"。拿我们今天的话来说，就是有坚强的意志、严于自律。

白圭是这样说的，也是这样做的。司马迁《史记·货殖列传》记载说：白圭"能薄饮食，忍嗜欲，节衣服，与用事僮仆同苦乐”。就是说，白圭自己的生活非常俭朴，他不讲究饮食，能克制住享受的欲望，穿衣服也很节约，常年与手下的奴仆们同甘共苦。

作为一个非常成功的大商人，白圭的这种做法十分难能可贵。

实际上，在古代，能够做到有坚强的意志、严于自律的商人，远不止白圭。司马迁在《史记·货殖列传》里面记载的鲁国的曹邴氏，也是典型代表。

司马迁说，汉朝的时候，鲁国那一带的人，一般都是很节俭的，曹邴氏更是抠门儿。曹邴氏最初靠开铁矿冶铁起家，后来主营金融借贷业和商业贸易，他家的业务，遍布天下，“富至巨万”，也就是亿万富翁了。都这样有钱了，曹邴氏家仍然世世代代坚守着一个家规，叫作“俯有拾，仰有取”。就是一举一动都要爱惜财物，看到任何有一点用处的东西，都要弯腰捡起来。至于说随便铺张浪费、大手大脚的做法，就更是不允许了。

我们一开始提到的宣曲任氏的故事，也是其中的一个典型。

任氏，靠着“人弃我取，人取我与”的秘诀，抓住秦朝垮台的机会倒卖粮食，发了大财。一夜暴富之后，任氏又做了什么呢？

西汉建立以后，天下太平了。发了大财的任氏，就从偏远的边境小县，搬迁到了首都长安附近的宣曲定居，人称宣曲任氏。在西汉时期，任家是传了好多代的有名的大富豪。

这个暴发户搬家，要干什么呢？难道要在关中这个首善之区挥霍享受吗？不是的。司马迁记载说，关中的很多富豪确实是非常奢侈的，但宣曲任氏家的人却不是这样。

在宣曲，任氏利用倒卖粮食掘到的第一桶金，省吃俭用，买地置产，成了大地主和大畜牧业主。在购买土地和牲畜的时候，一般人都抢购价格低廉的东西，唯独任氏只追求优质，不买贱的只买好的。看上了好地、好牲畜，无论价钱多高，都不惜重金买下。

在拥有了成片的良田、成群的牛羊以后，任家人是不是该享受一下了呢？没有。

任氏的祖先，从一夜暴富的那一天开始，就立下了一条严格的家规：不是自家种的粮食不吃，不是自家织的布不穿；应该承担的赋税徭役没有完成，不能喝酒吃肉。

所以，从那时起，任氏家的人，就一直低调做人，谦虚谨慎，崇尚节俭。全家老小，都亲自致力于种田放牧。

靠着善于经营，特别是勤俭持家，任氏家族不仅连续好多代都富甲一方，而且成为乡里有口皆碑的表率，还曾经受到了汉朝皇帝的表彰。

由此可见，白圭提出的“智、勇、仁、强”四字箴言，是任何一位杰出企业家都必须具备的基本素质。但从很多人的故事来看，这个四字箴言，在不同的时候，又有不同的妙用。大致可以说，发家的时候靠“智、勇”，如果要持家、保持家业长久的话，就离不开“仁、强”了。

拿司马迁的话来说，就是“以武一切，用文持之”(《史记·货殖列传》）。意思是，把勇气和计谋作为发家致富的权宜之计，而依靠守法经营、有仁爱之心，来保持家业长久发展。

这一章，我们讲的宣曲任氏、鲁国曹邴氏的故事，就证明了这一点。前面讲过的范蠡等人的故事，也证明了这一点。

但是，家家有本难念的经，就连聪明绝顶的范蠡尚且遇到过儿子杀人犯罪的烦心事，再持家有方的富豪，也都难免有这样那样的苦恼。

西汉的时候，有一个靠冶铁起家的大富豪，就遇到了一件哭笑不得的尴尬事。这个人是谁呢？他又遇到了什么尴尬事呢？请看下文。

第八章　啼笑姻缘

汉武帝的时候，蜀郡的临邛县（也就是现在的四川省邛崃）有一个大冶铁商，叫卓王孙。卓王孙有一个女儿，名叫卓文君。卓文君不仅长得天生丽质，十分漂亮，而且自幼受到过良好教育，非常喜欢音乐，颇有艺术气质。可是，这位兰心蕙质的女子出嫁不久，丈夫就不幸去世了。卓文君只好凄凄凉凉地搬回娘家居住。

由此，却引出了一段千古传诵的爱情喜剧、啼笑姻缘。

就在这个过程中，卓王孙，这个商人世家的掌门人，却被几个年轻的毫无商业经验的人，运用高超的商业手段，彻底征服了。

这就奇怪了，一个叱咤风云的商场老手，怎么会败在了不是商人的年轻人的手上呢？

故事还得从卓家的来历说起。

一、打拉并用

话说秦始皇消灭六国统一天下以后，有一天，从原来的赵国（也就是现在的河北省南部一带）通往南方的大路上，走来了一对卓姓夫妇。他们年纪在三四十岁上下，推着一辆小车，步履蹒跚地走着。

这对卓氏夫妇，本来是赵国的大铁矿主、大冶铁商，他们将被强迫移民到偏远的巴蜀之地。和卓氏夫妇一起上路的，还有很多曾经在赵国财大气粗的工商巨富。他们的家产大部分都被秦国没收充公了，每人只随身携带着少量行李。

他们不是孤独的。因为，秦始皇统一天下以后，原来六国的工商业富豪，全都被强迫离开了祖祖辈辈生活的故土原籍，移民到了遥远的异域他乡。当时，还有很多像他们一样的人，被人押着，奔波在南来北往的路上。其中，光是强行迁移到首都咸阳的富豪，就有十二万户。

那么，秦始皇为什么要强迫这些工商富豪，搞这种全国性的空间大挪移呢？这，就与从商鞅变法开始的重农抑商政策，有密不可分的联系。

我们都知道，在中国历史上，长期实行过重农抑商政策。这个政策的始作俑者，就是商鞅。

商鞅，本名叫公孙鞅，因为老家是卫国人，又称卫鞅。后来因为在秦国变法有功，被分封到了商这个地方，从此以后，人们就称他为商鞅了。

那么，商鞅这个姓商的人，又为什么要抑商呢？

商鞅在秦国的变法，是在战国七雄争霸的背景下展开的。七雄争霸，靠的是什么？靠的是实力。而那个时代的国家实力，有两样东西最关键，一个是粮食，一个是军队。粮食是农民生产的，士兵的主要来源也是农民，所以，商鞅要让秦国实现富强，就必须发展农业、重视农民。

但是，重农为什么又要抑商呢？这是出于两个方面的考虑。

一方面，在士、农、工、商各个行业当中，农民最辛苦，收入却是最低的，而工商业者赚钱相对容易一些。

司马迁就说过："用贫求富，农不如工，工不如商，刺绣文不如倚市门，此言末业，贫者之资也。"（《史记·货殖列传》）商鞅在他的著作《商君书》当中，也多次谈到过这样的看法。人，无论在什么时代，也不管在哪个国家，都有过好日子的愿望。工商业赚钱较多，而且赚钱相对比较容易，这种客观上的差别，也就吸引着很多农民弃农经商。这是春秋战国时期各个地方普遍存在的问题，秦国也不例外。因此，商鞅抑商的一个目的，就是要通过抑制工商业，刹住农民弃农经商的风气，稳定并且增加农业人口，减少非农业人口。

另一方面，工商业者，虽然不乏白圭那样怀有仁爱之心的"廉贾""良贾"，但是，也有很多投机倒把、囤积居奇，只顾自己赚钱，不管别人死活的"贪贾""恶贾"。他们操纵市场，剥削百姓，严重危害了农民利益，对社会经济造成了巨大冲击。因此，商鞅抑商的另一个意图，就是要通过控制工商业，减轻它对农业的侵蚀。

基于这样的目的，商鞅变法期间，采取了一系列抑制工商业、限制工商业的措施。例如，加重工商业者的赋税劳役；发展官营工商业，把一部分赚钱多的产业"如冶铁、煮盐等"收归官营；商鞅甚至还不允许随便开设旅店饭馆，为外出经商的活动设置障碍；等等。

虽然商鞅后来被五马分尸了，但他出台的这些政策，在秦国实行了一百多年，直到秦始皇的时候依然存在。如果说秦始皇的做法有什么特别之处，那就是强迫原来六国的工商业富豪，从故土原籍，搬迁异域他乡。

秦始皇这样做，除了和商鞅同样的原因之外，还有一个现实的考虑，就是彻底铲除六国贵族的残余势力，防止六国的遗老遗少与这些财大气粗、拥有相当的财力、物力、人力资源的工商业富豪，勾结起来，使六国死灰复燃，威胁秦朝的统治。

我们开头讲的商人迁徙的那一幕，就是在这样的背景下发生的。

讲到这儿，有的朋友可能会产生一个疑问：既然商鞅搞的重农抑商政策，已经实行了一百多年，那么，为什么在秦国还能出现大商人吕不韦担任相国十几年的事情呢？

既然秦始皇对待商人那么狠，既没收其家产又强迫其移民，那么，秦始皇为什么又对女企业家寡妇清那么好呢？

这些现象是不是有些矛盾呢？又该如何解释呢？

虽然从商鞅到秦始皇，秦国的抑商政策是一贯的，并且开了中国古代历史上重农抑商政策的先河。但是，我们千万不能把这些政策的后果估计得过于严重，绝对不能以为随着这些政策的实施，商人就一落千丈了，工商业就一蹶不振了。实际情况并不是这样。

因为，商鞅抑商，主要目的是重农。商鞅的抑商政策实际上属于重农政策的辅助手段。商鞅抑商，只是使工商业者的活动受到了某些限制而已。

秦始皇在外商吕不韦的羽翼之下生活了十几年，他对商人怀有十分复杂的感情，既敬畏又厌恶。因此，他对待富商大贾的政策也是具有鲜明的两面性。就是，既打击，又利用。

打击的时候，是出于政治目的，防止他们和六国的残余势力勾结起来，重振六国，威胁秦朝的统治。

利用的时候，是基于经济需要，发挥富商大贾的聪明才智，为秦朝的经济发展添砖加瓦。

比如，秦始皇把来自全国各地的十二万户工商富豪，移民到首都咸阳，一般的解释是为了加强对这些人的控制。这种说法不能说没有道理，但不可能是秦始皇的主要目的。你想啊，秦始皇整天在首都面对这么多专政对象、阶级敌人，愁眉苦脸、垂头丧气的，他心里多不爽啊？秦始皇把他们移民来，主要是为了利用他们的财富和智慧，把咸阳建设成繁华富裕的大秦帝国的新首都。

再比如，秦始皇把赵国的大冶铁商卓氏夫妇，移民到巴蜀之地，客观上也是为了促进西南地区的开发。

从这个角度讲，强迫移民，实际上是秦始皇式的招商引资。况且，秦始皇打击的，只是原来六国的富商大贾，对于秦国本土的富商大贾，是非常器重的。寡妇清受到秦始皇表彰、乌氏倮受到秦始皇重用，就属于这种情况。

我们知道，寡妇清是我国历史上第一位有名字可考的女企业家。她的老家，在现在的重庆市涪陵县一带，当时属于巴蜀之地，早时就是秦国的地盘。

寡妇清家经营的产业是开采朱砂矿，生产规模很大，赚的钱也很多，她作为女企业家的名声也传遍天下。前文我们讲过，就连秦始皇，都使用接待贵宾的礼节，隆重地接见了她。秦始皇不仅接见了寡妇清，还专门为她建筑了一座名叫“女怀清台”的高台，以表彰其功业。

那么，秦始皇为什么要这样看重寡妇清呢？

司马迁在记载寡妇清的故事的时候，提出了两个原因，一个原因是寡妇清一直守寡，是坚持了妇女的贞节；另一个原因是寡妇清有钱。原文有两句话，一句话说：“清，寡妇也，能守其业，用财自卫，不见侵犯。秦皇帝以为贞妇而客之，为筑女怀清台。”另一句话说：“清穷乡寡妇，礼抗万乘，名显天下，岂非以富邪？”（《史记·货殖列传》）

应该说，司马迁所讲的这两个理由，是很有道理的。

先说守寡这个事吧。一方面，秦汉时期妇女改嫁的事情非常普遍。例如，不管秦始皇的父亲是谁，不管是吕不韦，还是秦国的落魄公子异人，他的母亲是赵姬，这一点是确定无疑，没有任何争议，而赵姬就是吕不韦原来的小妾，后来改嫁给异人。另外，汉景帝的皇后，也就是汉武帝的母亲王娡，也是先嫁人生了孩子，后来又改嫁给汉景帝的。有意思的是，王娡的母亲也曾经在丈夫死后改嫁过。这些事例说明，秦汉时期，妇女改嫁很平常，不是什么大事。

但是另一方面，秦始皇却特别主张妇女应该保持贞节，不能改嫁。秦始皇三十七年，他巡游南方，登上越王勾践和范蠡等人待过的会稽山，祭祀大禹和南海，刻石立碑，歌颂大禹的功德。所刻石碑就是历史上非常有名的《会稽刻石》，其中就有号召妇女守寡的话，叫作："有子而嫁，倍死不贞。"（《史记·秦始皇本纪》）就是说，如果妇女有了孩子，再改嫁给别人，就是背弃死去的丈夫，不守贞节。当然，秦始皇不光反对妇女改嫁，也反对男子搞婚外恋。《会稽刻石》紧接着一句话是说："夫为寄豭，杀之无罪。"（《史记·秦始皇本纪》）意思是说，做丈夫的如果和别人通奸，杀死他不算是有罪。

正是在这样的背景之下，秦始皇把一直守寡的寡妇清树立为道德标兵、守节模范，非常容易理解。

如果说，秦始皇是中国历史上倡导妇女守寡守节的第一个皇帝，那么，秦始皇专门为寡妇清建造的“女怀清台”，就可以说是中国历史上第一座贞节牌坊了。

但是，我们再仔细想一想。当时，整天打仗，寡妇太多了，守节的人也不少。那么，秦始皇为什么单单表彰寡妇清呢？这就是司马迁所说的第二个原因了，因为寡妇清有钱，是富婆，而且是有名的大富婆。树立这样的“女企业家”当模范标兵，那明星效应该有多大啊！

至于秦始皇重用乌氏倮，那就完全是因为乌氏倮有钱了。

前面讲过，乌氏倮在现在的甘肃平凉一带放牧，他把自己所有的牲畜卖掉，拿着钱到中原一带，买来了一批珍奇的高级锦缎，献给了西域的一个国王。这个国王当场赏赐给乌氏倮一大批牛羊，价值竟然比乌氏倮献给他的锦缎多出了十几倍，多得让人眼晕，数都数不过来！

乌氏倮从此发了大财，也引起了秦始皇的注意。秦始皇特地下令，乌氏倮可以享受封君的待遇，每年春秋二季可以按时和贵族们一起进宫朝见皇帝。

司马迁评论说，这个乌氏倮，只不过是边境地区的一个大畜牧业主，能受到千古一帝秦始皇的器重，“岂非以富邪”（《史记·货殖列传》），毕竟是因为他有钱啊！

显而易见，寡妇清受到秦始皇表彰、乌氏倮受到秦始皇器重,有一个共同的因素,就是因为他们手中的财富。

但是，难道说，有钱就值得表彰、值得重用吗？不是的，问题没有这么简单，有钱只是结果。寡妇清和乌氏倮这些人的钱从哪里来的？当然来自他们所经营的工商业、畜牧业。他们的钱，是靠辛苦经营得来的。通过孜孜不倦的经营,寡妇清和乌氏倮等人不仅自己富裕了,也为社会创造了财富，促进了社会经济的发展。秦始皇表彰他们，也是出于对他们经营业绩的肯定。

秦始皇表彰寡妇清、器重乌氏倮，在整个中国历史上都可以说是颇具传奇色彩的故事。这些故事，与秦朝由来已久的抑商政策是不是矛盾呢？当然不矛盾。因为秦朝的工商业政策，从来就具有两面性，既打击，又利用。这些故事，无非反映了其中的一个侧面而已。

正因为秦朝的工商业政策是既打击又利用，强迫移民又是具有秦始皇特色的招商引资措施，所以，被秦始皇强迫移民到异域他乡的富商大贾，在适应了新的环境之后，又纷纷东山再起了。

我们前面讲到的，从赵国被强迫移民到巴蜀的大冶铁商卓氏，就是其中的一个例子。

卓氏夫妇，推着小车，和赵国的一些富商大贾一起，被人押着，踉踉跄跄地走到了被强迫移民的目的地——巴蜀。

走到葭萌（也就是现在四川省北部的广元一带）的时候，多数人都不愿意再往南走了。他们觉得这儿离关中不远，离老家也算是稍微近一点。于是纷纷拿出随身携带的一点钱财，争着贿赂押送他们的秦朝官吏，都在葭萌定居了下来。

唯独卓氏没有这么做。卓氏夫妇俩在葭萌附近转了转，考察了一番，商量说："葭萌这个地方太狭小了，土地也很贫瘠，不是一个理想定居经商的所在。我听说，再往南去，有一个地方叫汶山，汶山的下面是一大片肥沃的田野，地里出产大芋头，能当粮食吃，无论是旱是涝，到死都不会挨饿。那一带的人，都很擅长做买卖，商业繁荣，是一个便于经商的好地方。我们就到那里去吧。"

于是，别人都哭喊着要留在葭萌，唯独卓氏请求走得更远一些，押送他们的秦朝官吏，还以为他们的脑子出毛病了。最后，卓氏夫妇被安排到了成都西南的临邛，也就是现在的四川省邛崃。

卓氏到了临邛之后，观察了一下地形地貌，高兴得手舞足蹈。押送他们的官吏看了，越发感到他们精神不正常。

秦朝的官吏没有想到，卓氏原来是干什么的？大冶铁商啊。他们一到临邛就发现，附近的山里有铁矿，这下子，自己老本行的专长又可以发挥作用了，卓氏能不兴高采烈吗？

于是，卓氏重操旧业，雇了一批人，从山中开采出铁矿石，支起了炉子，铸造铁制器具。

战国时期是我国古代冶铁业发展的重要阶段，发明并使用了很多先进技术。来自赵国的卓氏等人，就把中原地区的各种先进冶铁技术，带进了四川，从而极大地促进了四川地区冶铁业的迅速发展。

由于技术先进，管理经验丰富，卓氏制造的铁制器物，很快打开了销路，拿司马迁的话来说，就是“倾滇蜀之民”（《史记·货殖列传》）。也就是卓家的产品，受到了现在四川、云南等地广大消费者的欢迎。

卓氏再一次毫无悬念地暴发起来了，他家的产业规模，远远超过了过去在赵国的时候，赚的钱也多得数不胜数。光是他家里面使唤的奴仆，就达一千多人。

卓氏还在临邛等地购置土地山林，建起了一片又一片的庄园。他家的庄园很大，能在里面骑马打猎，称得上古今少有的奢华庄园。卓氏和家人“田池射猎之乐，拟于人君”（《史记·货殖列传》），过上了足以与国君相比的日子。

当时，临邛还出现了一个大冶铁商人，叫作程郑，也像卓氏一样，是从北方强迫迁来的。程郑家的产品，销路也很广，尤其受到西南夷等少数民族的欢迎。程郑的富有程度，也和卓氏差不多，家里的奴仆，有好几百人。

卓氏家的产业，世世代代传了下来，传到大约第五六代的时候，卓家的掌门人的名字，被史书记载下来，叫作卓王孙。家业传到他的手上，已经是汉武帝的时候了。

一开始我们提到的那个爱情喜剧、啼笑姻缘，以及卓王孙——这个商人世家的传人，被一个毫无商业经验的人运用高超的商业手段彻底征服的故事，就是在这个时候发生的。

二、翁婿商战

这个时候，临邛的县令，名叫王吉。有一天，王县令隆重地接待了一个外地来的客人，住进了县政府的招待所里面。王县令安顿客人住下后，给他配备了专车，还安排了好几个使唤的佣人伺候他。

每天，王县令都抽时间，恭恭敬敬地到宾馆拜访那位客人，还时不时地亲自陪同那位客人，在临邛的大街小巷参观。每次出行的时候，好几辆车马随从，前呼后应，招摇过市。

只见那位客人一表人才，风流倜傥，是一个标准的大帅哥。他坐在车上，举止雍容大方，神采飞扬，派头十足。临邛人看了，都感觉他仿佛神仙一般。

这位客人究竟是谁呢？他不是别人，正是擅长辞赋而在文学史上大名鼎鼎的司马相如！

司马相如，字长卿，四川成都人。少年的时候，家境还算比较富裕。他自幼喜欢读书，爱好击剑。父母给他取了一个名字，叫犬子。拿现在的话，就是狗儿。司马相如成年以后，觉得犬子这个名字不是很雅，又因为他非常仰慕战国时代的赵国名相蔺相如，就自己改名叫司马相如了。

当时汉朝有一种制度，叫作“赀选”。这个制度规定，家产达到一定程度的有钱人，交给国家一部分钱，就可以到首都长安担任郎官。郎官是一种没有具体实权的官，跟见习官员和候补官员差不多，有机会在皇帝身边当差，但是车马、服装、生活费用等都必须自备。这种制度，实际上就是一种卖官鬻爵的行为。

父母为了让司马相如有个前程，就倾尽家产，送司马相如到首都长安当了郎官。司马相如到了首都长安，有时还能陪着汉景帝打打猎。但是，司马相如不太喜欢这种差使，当然汉景帝也对辞赋没有什么兴趣。司马相如觉得待下去没有什么意思，就辞官不做，跑到梁国，当了梁王的门客，因为梁王喜欢辞赋。一晃几年，梁王死了，司马相如没有了知音，只好回到故乡成都。

这时候，司马氏的家境已经一贫如洗了。司马相如待在家里，吃了上顿没下顿，沦落成了一个穷困潦倒的无业青年。正好临邛县令王吉是司马相如的好朋友，关系很好，就把他请到了临邛做客。

一开始，王县令每天到司马相如住的宾馆拜访，司马相如还能以礼相待。但是过了不久，司马相如就端起了架子，动不动就推托有病，不肯见王县令。王县令不仅不生气，反而更加殷勤和恭敬了。

此时的司马相如还没有什么名气，况且又是在王县令的地盘上寄人篱下，他有什么资格又有什么必要摆谱端架子呢？王县令身为一方父母长官，又何必低三下四地向一介书生司马相如献殷勤呢？

原来，司马相如和王县令，正在合伙演出一场“钓鱼”的把戏。他们的所作所为，是在为“钓鱼”而制造声势。

“钓鱼”，他们要钓什么鱼呢？他们要钓的，就是卓王孙的女儿卓文君。司马相如一到临邛，就从王县令那里听说了卓文君，知道这位富家小姐，不仅人长得漂亮，而且自幼喜欢音乐，颇有艺术气质，现在正守寡在家。司马相如顿时对才貌双全的卓文君产生了仰慕之情。但是他又听说卓文君才高气傲，不容易接近，就和好朋友王县令合伙设计了这一出“钓鱼”的把戏。王县令也很乐意成全这种才子佳人的美事，也就配合得十分默契。

在“钓鱼”的过程中，司马相如和王县令，综合使用了各种商业促销的手法。比如，王县令陪着司马相如四处游玩、招摇过市，不就是做广告吗？王县令低三下四地向司马相如献殷勤，不就是明星代言吗？由县太爷当托儿，那影响力该有多大啊。

所有这些，都是在有意识地制造气氛，抬高司马相如的身价，把一个穷困潦倒的无业青年，包装成了不得的大人物，以便钓到“大鱼”。

鱼儿很快就上钩了。王县令殷勤待客的消息，早已在临邛炒得沸沸扬扬。人们议论纷纷，都认定那位客人一定是大有来头。

卓王孙的眼球被吸引住了，特地找到程郑家的人，商量说：“老程啊，听说县上来了一位贵宾，我们作为地方企业界的领袖，是不是也该出面款待一下啊？”于是，卓王孙和程家联名，郑重其事地送上了请柬，并请王县令出席作陪。

宴会的地点，就设在卓王孙家的豪华的园林里面。王县令如约前来，一进卓王孙家，不由得暗吃一惊。好家伙，卓王孙邀请来作陪的各路头面人物，竟然有好几百人。

作陪的人都到齐了，可是已经中午时分，主角却迟迟没有露面。卓王孙派人到宾馆请，司马相如推托有病，不肯前来。面对成桌的山珍海味，王县令不敢动一动筷子，又亲自跑到宾馆迎接司马相如。司马相如装出很不情愿的样子，来赴宴了。他千呼万唤始出来，吊足了人们的胃口，司马相如一出现，全院子的人都被他的风采倾倒了。

盛大的宴会终于开始了。酒过三巡，王县令捧出早已准备好的古琴，恭恭敬敬地走到了司马相如身边，施礼说：“长卿先生啊，我久仰先生琴艺高超，深不可测，别人弹琴您是不会入耳的，就请先生自己弹奏一曲，自娱自乐吧。”

根据司马迁的《史记》记载，司马相如有一个毛病，就是口吃，说起话来结结巴巴的，所以他在众人面前，自始至终，很少说话。对于王县令的请求，司马相如又摇头摆手地装模作样推辞了一番，好像看王县令实在真诚，盛情难却，便缓缓地操起古琴，平心静气，全神贯注地弹奏起来。

当这场司马相如的个人演奏会结束的时候，有一个人的心，就被悠悠琴声彻底征服了。这个人是谁呢？就是司马相如和王县令想钓的“大鱼”——卓王孙的女儿卓文君。

一开始，卓文君对于街上炒得沸沸扬扬的县令待客的新闻，还没当回事。等到那个传说中的大帅哥，光临自己家做客，尤其是司马相如的琴声响起来的时候，卓文君怦然心动了。

为什么呢？因为司马相如弹奏的曲子，弹了一曲又一曲，全都是向女孩子倾诉爱慕之情的。

别人听不出来，自幼精通音乐的卓文君还能听不出来吗？于是卓文君被琴声牢牢地吸引住了，她悄悄来到宴会厅旁边，躲在帘子后面偷听。几首曲子听完，卓文君完全被司马相如的才华征服了。她又趴在门缝偷偷一看，啊！传说中的司马相如，果然是仪表堂堂、气宇非凡，“帅哥”之名不是空穴来风。

司马迁写到这一段的时候说道，卓文君当时就对司马相如“心悦而好之，恐不得当也”（《史记·司马相如列传》）。意思是说，卓文君对司马相如产生了无限的喜爱仰慕之情，甚至还自惭形秽，担心自己配不上他。

司马相如埋头弹琴的时候，担任代言人的王县令也没有闲着，他派人买通了卓文君身边的丫鬟。宴会结束后，司马相如就趁热打铁，发起了正面进攻。他通过那个丫鬟转给卓文君一封信，直截了当地向卓文君表达了爱慕之情。

卓文君正在为担心配不上司马相如而懊恼，一接到信，什么都不顾了，当天晚上就溜出家门和司马相如私奔了。司马相如抱得美人归，连夜赶着马车带着卓文君跑回了成都。

卓王孙忽然发现女儿不见了，一打听，才知道让司马相如拐跑了。卓王孙这才明白，自己被王县令和司马相如忽悠了。

卓王孙顿时勃然大怒，气不打一处来。他气愤的是上了司马相如和王县令的当，而司马相如并不是什么了不起的大人物，只是成都一个穷得叮当响、家徒四壁的无业青年而已。

他更气愤的是女儿卓文君的私奔。前面说过，秦汉的时候，妇女改嫁是很平常的事，但无论怎么平常，也都要讲究点儿礼道，最起码的也要听一听“父母之命，媒妁之言”。卓家在临邛，毕竟是巨商世家，数一数二的头面人物，而且越有钱，越要讲究面子。卓王孙觉得，女儿的做法，让他丢尽了面子。

卓王孙气恼地说：“女至不材，我不忍杀，不分一钱也！”（《史记·司马相如列传》）就是说，女儿没有出息，竟然与人私奔了，我不忍心杀死她，但是一个钱我也不会给她的！

不少人来劝卓王孙，算了吧，毕竟是自己的女儿，现在卓文君掉到了一个穷窟窿里面，还是可怜可怜她，给她点儿钱吧。卓王孙觉得面子上过不去，说什么也不答应。

热恋的蜜月过去之后，生活的压力袭上了心头。卓文君毕竟是大财主家的千金小姐，从小不愁吃、不愁穿，跟着司马相如，虽然每天可以弹琴唱歌、吟诗作画，非常浪漫，可是，浪漫毕竟不能当饭吃。

卓文君说："相公啊，我们还是回到临邛吧。父亲不认我，还有兄弟呢。哪怕是向兄弟借债，也足以维持生活，何苦这样受穷呢？"

司马相如想想，让妻子跟着自己受穷，实在于心不安，就跟着卓文君回到了临邛。

卓文君就把自己的车马全部卖掉，又从兄弟那里借了一点钱，买了一个小酒馆，做起了卖酒的生意。

每天，卓文君坐在土台子前面站柜台卖酒，司马相如则扎着大围裙，和雇来的几个打工的伙计一起，在店门口刷盘子洗碗。

临邛人听说，开酒馆的老板娘竟然是本地大财主卓王孙的女儿，酒馆跑堂的，竟然就是前不久像神仙一样招摇过市的大帅哥，而且两口子还有一段私奔的风流韵事。这个新闻一出来，它的轰动效果简直不亚于原子弹爆炸。

结果，司马相如和卓文君的小酒馆，从早到晚都挤满了人，有喝酒的，也有看热闹的，天天是顾客盈门。人越多，司马相如和卓文君两口子干得越起劲。

司马相如和卓文君这两口子，一个能屈能伸，另一个敢作敢为，真可以说是珠联璧合、天造地设的一对。

他们为什么要这样做呢？

我想，一方面，是要放下架子，靠自己的双手，辛勤劳动，自谋生计。

另一方面，是要以自己的行动证明，面子不如里子，大胆地追求爱情，并没有错！只要夫妻恩爱，相濡以沫，完全可以堂堂正正、坦坦荡荡，没有什么见不得人的。

但是，他们也许没有想到，他们的做法，客观上竟然非常符合商战的策略。

在商业竞争当中，给对手制造麻烦，从来都是商战的常用手法。其中一个办法就是动员社会舆论的压力，迫使对方做出让步。司马相如和卓文君的做法，等于是给死要面子的卓王孙，制造了更大的面子危机。

于是，司马相如和卓文君的小酒馆生意越红火，卓王孙越觉得丢人，越感到纠结。他把自己关在家里，没脸见人了。

卓家的亲戚朋友一个接一个地来劝卓王孙，说："您家最不缺的是什么？就是钱啊。可是您的子女并不算多，总共只有一个儿子，两个女儿。现在文君已经被司马相如拐去，成了他的人。司马相如虽然穷，但听说他很有才学，他又真心实意地喜欢文君，这种人还是靠得住的。况且司马相如还是县令的好朋友，怎么也算是有点身份的人。您老人家何必太死心眼呢？"

卓王孙想来想去，想不出更好的办法，他也担心女儿女婿被逼急了，又闹出什么让他更难堪的事，就只好听了亲戚朋友的劝告，分给卓文君一百万钱，一百个家奴，出嫁时的衣服、被褥等嫁妆也一应俱全。

卓文君和司马相如拿到了这些钱财，立马就把小酒馆收了摊儿，回到成都，买房子置地，过上了富裕的生活。

后来，司马相如杰出的文学才华终于被汉武帝发现了。汉武帝把司马相如召到首都，重新任命他做了官。又后来，汉武帝为了安抚西南少数民族，提拔司马相如为中郎将，派他出使西南夷。

成都和临邛，都是通往西南夷的必经之地，司马相如作为皇帝的专使，浩浩荡荡回到四川，真可谓是衣锦还乡。蜀郡的太守带领当地官员到郊外迎接，临邛的县令等人，背着弓箭在前面开路。

成都人民奔走相告，都为他们那里出了司马相如这么一个大才子而感到荣耀。临邛人民也喜气洋洋，都为司马相如是他们那个地方的女婿而自豪。

这个时候，卓王孙别提多后悔了。他后悔什么？后悔把女儿嫁给司马相如太晚了，后悔分给卓文君的家产太少了。

于是，卓王孙再次分给卓文君一大笔家资，其数量和留给儿子的一样多。

故事发展到这，卓王孙这个巨商世家的传人，终于被毫无商业经验的司马相如和卓文君夫妇，运用高超的商战手法，彻底征服了。一桩啼笑姻缘，也以大团圆的结局，完美收场。

然而，包括卓王孙等在内的汉朝的富商大贾们没有想到，正是在这个时候，一场比秦始皇强迫移民还要沉重的打击，落到了他们的头上。

这，究竟又是怎么回事呢？

第九章　卜式捐资

一、商人爱国

汉武帝时，一天，汉武帝正在批阅各个地方、各个部门报上来的文件。突然，一个商人的上书，引起了他的注意。上书的这个商人，名字叫卜式。

商人卜式的上书，究竟写了些什么，引起汉武帝的注意呢？原来，在给汉武帝的上书里面，卜式说愿意把自己一半的家产，捐献给国家。

看着卜式的上书，汉武帝很是惊奇，商人把家产献给国家，在他的记忆里面，这种事历史上倒确实发生过。比如，《左传》里记载，春秋的时候，秦国派了孟明视等三位将军，带领一支军队偷袭郑国。秦军行踪诡秘，经过了晋国、周国，都没有被郑国发觉。郑国有一个名叫弦高的商人，正好赶着十二头牛、带着一些牛皮，要到东周的首都洛阳去做买卖，路上突然遇到了这支秦军。

当时郑国正与秦国发生纠纷，闹得不可开交，在离郑国不远的地方突然冒出这股秦军，弦高料定秦军十有八九是去偷袭郑国的。国家面临危难，怎么办？弦高急中生智，一面派人赶紧回郑国报信，说秦军就要来偷袭了，快快做好准备。一面壮起胆子，直接找到秦军带队的将军孟明视，把自己的十二头牛和一些牛皮全部献上，说：“我们的国君，听说贵军要路过我们郑国，特地派我来犒劳贵军。国君还让我给您带个话，如果贵军准备在我国歇歇，我们就准备提供一天的粮草；如果贵军打算只住一晚上，我们可以担任一夜的警卫。”

孟明视听弦高这样一说，大吃一惊，连忙和其他几个将军商议：“不好啦，看来郑国早已发觉了我们的行踪，而且做好了防备。我们要偷袭是不成了。如果改为强攻，又没有后援。我们还是打道回府吧。”

秦军于是掉头返回，在途中遭遇了晋国的伏击，全军覆没。

郑国商人弦高在这样一个危急关头，挺身而出，不惜牺牲自己的生命财产，保卫了国家。弦高的这种爱国行动，赢得了郑国举国上下的一致称道。郑国的国君赏赐给弦高大量的金银财宝，但是弦高一概不要。弦高为了表明自己不为名、不为利，竟然带领家人搬迁到了外国，再也没有回来。

汉武帝心想，自己当皇帝已经有些年头了，可是，一直没有遇到过像弦高那样不图名、不求利的爱国商人。眼前这位卜式，声称愿意把一半家产献给国家，这究竟是真的还是假的？他究竟是一个什么样的商人？汉武帝决定派人去调查一下虚实。

汉武帝派出的官员，办事相当认真，他先是到了卜式的老家，向当地官员了解情况。

原来，卜式是河南郡人。西汉时候的河南郡，大体上是现在的河南省洛阳、郑州一带。卜式早年以放牧为业。父母死后，卜式有一个弟弟年龄尚小，卜式就一个人操持家业，抚养弟弟。等到弟弟长大成年，要成家立业了，卜式就和弟弟分家了。在分家的时候，卜式自己只留下一百多只羊，把其余的土地、房屋等家产全都送给了弟弟。

卜式赶着这一百多头羊，到山里放牧。放牧的同时，还做买卖。过了十几年，羊繁殖了成千上万只，卜式也积攒了不小的一笔财富，就又买上了大量土地，置办了大批房产。

他的弟弟却坐吃山空，把家底差不多糟蹋光了。卜式虽然很生气，恨铁不成钢，但想一想毕竟是自己相依为命的亲弟弟，自己这个当哥哥的不管，那谁管他呢？于是卜式一面谆谆教导弟弟要勤俭持家，一面又把自己的财产，分给弟弟一大部分。

卜式在弟弟幼小的时候，既当哥哥又当娘。弟弟长大后，不务正业，卜式仍然不嫌弃他。因此，卜式在乡里，不仅是事业上很成功的商人，还是和谐家庭的模范。

汉武帝派来的官员了解到这些情况，心里仍然不踏实，就直接找到了卜式，问他："卜式，听说你愿意把一半家产捐献给国家，你这样做是出于什么动机？莫非是想做官吗？"

卜式摇了摇头，回答："大人啊，我是一介草民，从小放羊为生，不懂得做官之道，也不愿意做官。"

官员不信，他认为卜式或许还有别的不可告人的目的，又问："你家里是不是有什么冤屈，要向官府诉说呢？"

卜式回答："大人啊，您可能不太了解我。我长这么大，从来就没有和别人红过脸。乡里有过不下去的穷人，我就借钱借物给他们；有不向善的，我就教他们学好。乡亲们都愿意听我的劝导，我怎么会被别人冤枉呢？我确实没有什么需要向官府诉说的。"

官员越发纳闷了，又问："既然这样，你为什么愿意把一半家产献给国家呢？你总会有所求吧？你究竟希望得到什么呢？"

卜式郑重其事地回答："皇上圣明，正在出兵打击匈奴。我认为，作为大汉的子民，应该是有力的出力，有钱的出钱，只有这样，才能把匈奴消灭。我虽然体力虚弱，不能上前线为国家冲锋陷阵。但是，我也应该做一点力所能及的事啊。"

那个官员听了，不由得对卜式肃然起敬。回朝之后，把了解到的情况，一五一十地向汉武帝做了汇报。

但是汉武帝听了，依然有些迟疑不决，就把这件事说给丞相公孙弘听。

公孙弘听了，头摇得像拨浪鼓一样，说："这不是人之常情，这不是人之常情。世界上怎么会有做好事而不求回报的人呢？太不靠谱了，该不是作秀吧？这个卜式，恐怕是动机不纯，另有所图。不能把这种人树为榜样，扰乱了法令，陛下最好不要搭理他。"

听了公孙弘的意见，汉武帝更犹豫了，就把这件事情搁置了下来。

二、贱商抑商

那么，汉武帝、公孙弘等人，为什么对卜式的做法疑虑重重呢？这里面，既和西汉的传统政策有关，也和汉武帝等人的直接感受有关。

西汉的建立者汉高祖刘邦，年轻的时候就受到过有钱人的刺激。刘邦的老家是沛县，沛县的县令有一位老朋友，姓吕，人称吕公，因为躲避仇人，搬家到了沛县。吕公为了在沛县站住脚，就摆下酒席，设宴招待沛县的一些有头有脸的头面人物。沛县的这些头面人物，听说吕公是县令的贵客，也都愿意来捧场。

萧何在县政府当官，被县令派去主持宴会。看见来的客人很多，萧何就宣布："送礼超过一千钱的，请到堂上就座；不满一千钱的，只好委屈在院子里就座了。"

刘邦当时担任一个小亭长，平时游手好闲，毛病不少，最突出的毛病，一是酗酒，二是好色。他听说有酒喝，也来了。一听萧何这样说，立即傻眼了。他哪来的钱啊？他平时到人家的酒馆喝酒，从来都是赊账的，到了年底仍然赖着不还，人家只好自认倒霉。这一次，刘邦是甩着十个指头来的，弄不好连坐在院子里的资格都没有。

但是刘邦毕竟是刘邦，他在门外高声喊道："我送的是一万钱的礼！"

吕公在里面，一听说有人送这么重的厚礼，也不敢怠慢，亲自跑到门口迎接，把刘邦请到堂上。刘邦也不客气，大摇大摆地坐到了上席。

宴会结束以后，吕公示意刘邦留下，竟然当场做主，把女儿许配给了他！吕公的这个女儿，就是后来大名鼎鼎的吕后。

这件事，对刘邦的刺激可是不小，让他对于金钱产生了很复杂的心态。从此，刘邦除了酗酒、好色的毛病之外，又添了一个新的毛病，就是贪财，另外还有一点儿仇富心理。

刘邦的这些毛病，在当时尽人皆知。比如，鸿门宴之前，项羽的谋士范增就说：刘邦这个人，"贪于财货，好美姬"（《史记·项羽本纪》）。这说明在别人眼里，刘邦的贪财，比好色还要厉害。

更重要的是，汉朝建立以后，由于秦朝多年残暴统治和长期战争的破坏，社会经济一片凋敝，物资匮乏。司马迁描写的景象是：“自天子不能具醇驷，而将相或乘牛车，齐民无盖藏。”（《史记·平准书》）意思是，给皇帝拉车的马，都凑不齐四匹颜色一样的。有不少王侯将相甚至坐不上马车，只能坐牛车。估计这些王侯将相坐在牛车上，心里虽然有点儿郁闷，却仍然会心存感激的。感激谁呢？感激王亥啊，如果不是王亥驯服了牛、发明了用牛拉车，他们现在或许连牛车也坐不上。皇帝和王侯将相都是这么寒碜，老百姓更是穷得一无所有了。

但是，一些商人却乘机囤积居奇，哄抬物价，米一石卖到一万钱，马一匹卖到黄金 100 斤。西汉的时候，一斤约合现在的 250 克。100 斤约合现在的 50 斤。50 斤黄金，即使在今天也都是天文数字！

所以，汉高祖刘邦对此非常愤怒，他心想，我贵为皇帝，都坐不上四匹一样颜色的马拉的车子，你们这些富商大贾却乘机大发国难财，过着花天酒地的生活，实在是太可恶！

于是，刘邦继承了秦朝实行的重农抑商政策，颁布了所谓的“贱商令”。这个“贱商令”规定：商人不能穿丝绸衣服；不能坐车骑马，不要说马车，连牛车也不行；商人不能佩带宝剑，因为在古代，佩带宝剑是贵族的特权，也是贵族身份的象征，商人即使再有钱，也没有资格享受这种待遇；商人及其子弟还不能做官；对于商人征收重税。

我们知道，历史上有一种说法，叫作“汉承秦制”，就是说汉朝虽然是推翻秦朝而建立的，但是秦朝的很多制度却被汉朝继承了下来。其中的一项，就是重农抑商政策。

从此以后，士、农、工、商的说法，就从社会职业的划分，变成了社会等级的概念，工商业者变成了社会地位低下的“贱民”。

不过，刘邦毕竟是一个非常务实的政治家，他虽然继承了秦朝的做法，实行重农抑商政策，但是他搞的“贱商令”，主要侧重于从政治上贬低商人、从人格上侮辱商人，目的是打压商人的社会地位，形成鄙视商人的社会风气。

在经济上，刘邦不仅没有像秦始皇那样剥夺富商大贾的家产，限制商人的经营活动，反而比较注意发挥工商业者的创造力和活力，让他们为恢复经济出力。

其中，非常重要的一项措施，就是改变了秦朝对于主要经济活动实行干预的政策，把铸钱、冶铁、制盐等容易赚钱的生产部门，准许私人经营，国家不加以控制。同时，为了促进商品交换的发展，还撤销了各个交通要道上的关卡、收费站。

司马迁在《史记·货殖列传》里面，高度赞扬了刘邦的这些做法，原文说：“汉兴，海内为一，开关梁，弛山泽之禁，是以富商大贾周流天下，交易之物莫不通，得其所欲。”

也就是说，刘邦的抑商政策，面子上的成分比较多，而在促进工商业经济发展方面，却是比较实际的。这种现象，反映了西汉的商业政策也像秦朝一样，具有既抑制又利用的二重性特征。

刘邦死后，清静无为的黄老哲学成为西汉前期占主导地位的治国思想。这种治国思想主张，秦朝灭亡，就是统治者自以为自己很能干，瞎折腾出来的；现在要实现天下太平，就应该让老百姓休养生息，不能再瞎折腾了。这种思想，表现在工商业政策上，就是自由放任的色彩越来越浓厚，政府的干预和限制越来越少。甚至，刘邦时代实行的一些贱商政策也陆陆续续被撤销了。

例如，吕后掌权的时候，就不再限制商人穿丝绸衣服，也不再限制商人骑马坐车。

到了汉武帝即位以前，除了禁止商人及其子弟做官的禁令依然有效之外，其他的禁令都相继失效了。

对于工商业的限制虽然越来越少，但是既抑制又利用的基本政策并没有改变。这就导致了汉武帝对于卜式要求捐献家产的事情将信将疑。

而汉武帝时候发生的一些事情，就更是让汉武帝对于商人充满不信任了。汉武帝的时候发生了一些什么事呢?

这就是西汉朝廷遇到了巨大的财政困难，而随着财政危机的不断加深，西汉朝廷和富商大贾的矛盾也在日益尖锐。

汉武帝刚即位的时候，经过数十年的休养生息，特别是“文景之治”的积累，西汉朝廷的财政状况非常好。当时首都长安的国家仓库里面堆满了钱，由于长时间不用，穿钱的绳子都腐烂了，已经数不清究竟有多少钱。国家粮仓里面的粮食也是陈粮压着陈粮，仓库里面盛不下，只好露天堆放，以致发霉变质了不能再吃。

在这样的物质条件下，雄才大略的汉武帝，改变了汉初以来实行的清静无为的政策，以积极有为的姿态处理国家事务。其中，最主要的工作，就是对匈奴发动了大规模的反击战争。

现在有一句话说：“大炮一响，黄金万两。”古代也是一样，与战争联系在一起的，是财政开支的急剧增加。出征将士的武器战马、盔甲粮草、有功的赏赐、伤亡的抚恤、边境上的筑城防御、敌人投降后的安置等，哪一样都必须国家财政出钱。一二十年的战争打下来，曾经堆积如山的国库，变得空空荡荡了，西汉的财政严重入不敷出。有的时候，竟然连军饷都发不出来。汉武帝不得不减少宫廷开支，拿出自己的私房钱，充当军费。后来，甚至发展到了汉武帝要减少膳食的地步。比如原来每顿饭要吃一百道菜，现在只能吃五十道菜、三十道菜了。

堂堂的大汉朝廷，也面临着迫切需要脱贫致富的问题了。

要增加财政收入，钱从哪里来呢？羊毛出在羊身上，无非向老百姓征收。但是，由于连年战争，老百姓已经疲于奔命；再加上不断发生严重自然灾害，很多老百姓已经流离失所。这个时候如果加重税收，他们只有逼上梁山一条路可走了。

既然不敢再过分盘剥老百姓，西汉统治者就不约而同地盯上了富商大贾。实际上，早在汉文帝、汉景帝的时候，社会上就开始响起了压制富商大贾的呼声。曾经入选高中语文课本的晁错的《论贵粟疏》，就是这种主张的代表。现在，西汉朝廷的财政状况极端恶化，朝野上下更是一致认为，该让那些富得流油的人出出血了。

当然，当时的人们之所以认为应该拿富商大贾开刀，并不单纯是怀着仇富心态，嫉妒他们有钱，而是有着更深层次的原因。这个原因是，富商大贾虽然通过自己的经营，创造了物质财富，促进了社会经济的发展，但同时，既和当时的政治走向有矛盾，也和当时的经济结构有冲突。

当时的政治走向是什么呢？简单说，就是专制主义中央集权不断强化。也就是地方的权利在越来越多地集中到中央，中央的权利在越来越多地集中到皇帝，形成君主专制独裁的体制。从秦汉到明清，虽然中间有很多波折和反复，但是，这个大的趋势、大的潮流、大的方向，一直没有改变。如果说，整个中国古代的历史是一条路的话，那么，汉武帝在位的五十四年，恰恰就是这条道路上的一个非常醒目的站牌。

这种政治制度，就是政治权力大于一切，它不能容忍在专制独裁的体制之外，存在任何不受约束的强大力量，包括经济力量。富商大贾势力的膨胀，是与这种政治走向相矛盾的。

那么，当时的经济结构又是什么呢？简单说，就是农业经济占主导地位，社会经济最主要的任务，就是首先要解决吃饭的问题。工商业经济不是不重要，更不是可有可无，但它毕竟是副业。

既然是副业，就不能冲击了主业。但是，工商业经济的发展（特别是富商大贾力量的膨胀），却恰恰与以农业为主的经济结构有冲突。

一方面，当人们发现“用贫求富，农不如工，工不如商，刺绣文不如倚市门”（《史记·货殖列传》）的时候，搞工商业赚钱多、挣钱容易，大家都跑去打工、做买卖了，没有人种地了。这样一来，少数人虽然挣了钱，但是整个社会经济却有可能受到不利的影响，老百姓就有可能饿肚子，社会就有可能不稳定。

另一方面，如果搞工商业发了大财的人，都去买土地、建房子，“以末致财，用本守之”（《史记·货殖列传》），把农民赖以为生的土地夺了去，农民流离失所，同样会破坏社会的稳定。

也就是说，富商大贾势力的膨胀，既和当时的政治走向有矛盾，也和当时的经济结构有冲突，在这种情况之下，汉武帝能不拿他们开刀吗？

于是，汉武帝就安排了一个叫张汤的人，在这个张汤的主持下，一场针对富商大贾的战争，拉开了序幕。

张汤这个人，在历史上是非常有名的酷吏。“酷”，这个词，我们都很熟悉，现在是一个不错的褒义词，追求时尚的俊男靓女们，都很欣赏“酷”，都以“酷”为美。但是，在古代，“酷”这个词，却是一个不折不扣的贬义词，它所形容的是手段毒辣、残忍。总之，在那个时候，在一般人看来，很“酷”的人，十有八九不是什么好人。

张汤给汉武帝出了一个主意，建议向工商业者征收财产税。汉武帝采纳了他的意见，颁布了一个“算缗令”，向富商大贾发起了正面进攻。

“算缗令”究竟是什么意思呢?

缗，是穿钱的绳子，古代的铜钱是一个一个的，为了便于携带和记数，就用绳子穿起来。1000 文铜钱穿成一串，称作 1 贯，也叫作 1 缗。所以在古代，铜钱习惯上又被称为“缗钱”。“缗”在这里指的是财产。

“算”是征税的意思。因此，所谓的“算缗”，就是向工商业者征收财产税的法令。

汉武帝以前，西汉政府早就有财产税。不管是土地、房屋这些不动产，还是货物、现金之类的动产，都要征税。但是，不同的人，税率不一样。当时的规定是：地主和农民按 1.2% 的税率交税，商人的税率略微高一点，是 2%。这种税率的差别，体现了重农抑商的政策取向。

汉武帝按照张汤的建议颁布的“算缗令”，地主和农民的税率不变，依旧是 1.2%。工商业者的税收却是大大加重了。其中，商人的税率，从 2% 提高到了 6%，手工业者的税率是商人的一半，即 3%。

张汤还建议，商人不仅要交纳财产税，还要单独交纳车船税。每辆车子的税率是 2.4%。现在，私家车越来越多，有车的人都知道，每年都得交纳车船使用税。但是人们可能不了解，在中国历史上，车船税这个税种，就是张汤这个很“酷”的人发明的。

工商业者不仅交税的项目多，而且税率提高了好几倍，这说明，汉武帝通过税收政策打击富商大贾的意图是非常明显的。

“算缗令”征税，是按照百分比来计算的，意思是财产多的交税也多。从公平税赋的角度看，这样做当然是合理的。但随之而来的一个很大的问题是，怎么知道谁家的财产多，谁家的财产少呢？如果不掌握人家的财产数目，根据什么去征收百分之几的税呢？

张汤早就想到了这一点，他建议汉武帝颁布了一个法令。规定：纳税人都要主动向政府申报自己的家产；如果隐瞒不报，或者申报不实，要罚他戍边一年，并没收其全部家产。

可是，“算缗令”颁布很长时间后，主动申报家产的人并不多，即使申报，也大大缩水。更多的富商大贾千方百计地装穷，隐藏家产，偷税漏税。

眼看“算缗令”遇到了巨大阻力，怎么办？

三、树立榜样

正当汉武帝为“算缗令”推行受阻而犯愁的时候，一张名单报到了他的手上。这份名单又是怎么回事呢？

原来，黄河下游地区发生了特大水灾，灾民成群结队，流离失所。官府打开各地的粮仓来救济，都还不够，只好把七十多万的灾民，迁移到沿边地区安置。这些灾民的粮食、衣服、被褥等所有的救济安置费，都是由国家财政负担，西汉的财政危机更是雪上加霜。一些地方政府，就号召当地的有钱人捐款救灾，并把捐款者的名单上报朝廷。汉武帝手上拿的，就是河南郡报上来的名单。

汉武帝拿着名单随手翻着。突然，一个似曾相识的名字让他眼前一亮。卜式！而且这个卜式捐款的数量还不少，一下子就是二十万钱！

汉武帝拍着桌子说："这个卜式，不就是以前坚决要求把一半家产献给国家的那个人吗？"

汉武帝派人一查，果然就是那个卜式。汉武帝说：看来卜式是真心实意想帮助国家，以前怀疑他动机不纯，恐怕是冤枉他了。

汉武帝想，既然卜式是真心实意帮助国家，就应该加以表彰，于是决定赏赐给卜式十二万钱。

没有想到，卜式拿到这十二万钱以后，又全部捐献给了国家。

汉武帝听说以后，不由得感慨万端：那么多的富商大贾，趁着国家政策宽松，发了大财。到了国家危难的关头，不仅不伸出援手，帮助国家渡过难关，反而千方百计地偷税漏税，隐藏财产，拼命"装穷"。相比之下，卜式真不愧是一个忠厚长者，他的精神，太可贵了！太可敬了！他认为，像卜式这种忠贞爱国的商人，必须大张旗鼓地尊重和表扬，"尊显以风百姓"（《史记·平准书》），用他的事迹来教育其他商人。

汉武帝特地派出专车，把卜式接到了首都长安，在朝廷上举行了隆重的仪式，任命他为中郎，赐给左庶长的爵位，还赏赐给他十顷土地。然后，让有关部门把卜式的事迹写成宣传材料，布告天下，号召全国的老百姓（尤其是富商大贾），以卜式为榜样，向卜式学习。

一个爱国商人的先进典型，就这样诞生了。随着卜式被重用，汉高祖刘邦确立的商人及其子孙不能做官的规定也被打破了。

面对这些纷至沓来的荣誉，卜式是怎么想的呢？卜式把家财献给国家，确确实实真心实意，不是为了作秀，也不是要得到什么回报。所以，对于汉武帝的任命和赏赐，卜式百般辞谢。

但是，他越推辞，汉武帝越觉得他可敬，越觉得迫切需要他这个模范典型。汉武帝就对他说："卜爱卿啊，你不是会放羊吗？我在皇家猎场上林苑里面，养了不少羊，你去给我放羊怎么样啊？"

卜式一听说让他当一个羊倌，就不再推辞了，很爽快地接受了任命。他穿起了粗麻布做的衣服，脚上穿着草鞋，高高兴兴地放羊去了。

过了一年多，汉武帝到上林苑打猎，偶然碰上了卜式。只见他挥舞着羊鞭，正在放羊。他赶的羊，一个个膘肥体壮，数量还增加了不少。

汉武帝非常高兴，不住嘴地夸奖卜式，说："卜爱卿啊，看来你真是一个放羊高手！"

没有想到，卜式的回答，把汉武帝给"雷"倒了。卜式说了什么？他说："陛下啊，放羊的道理其实很简单，让它按时起居，按时吃草，有病的就立即除掉，不要让它拐带坏了一群羊就能放好了。实际上，何止是放羊呢？管理老百姓也是这样啊。”

听了卜式的回答，汉武帝觉得他太有才了！卜式不仅道德品质高尚，还非常有政治头脑，真是一个难得的人才！

汉武帝当场决定，不让卜式当羊倌了，派他担任了缑（gōu）氏县的县令。卜式上任以后，处理县上的事务，一切顺其自然，很少骚扰老百姓。缑氏县的群众，都感到非常轻松。

接着，汉武帝又调卜式当了成皋县的县令。成皋这个地方，是水路运输的要道，每年有大批物资运往首都长安。年终考核的时候，卜式取得了管理水路运输排名第一的好成绩。

汉武帝更加高兴，就提拔卜式担任了齐国太傅。

一开始表彰卜式的时候，汉武帝还以为，榜样的力量是无穷的，一个英雄树起来，就会有千万个英雄跟上来。可是，过去好长时间，富商大贾们仍然在千方百计地偷税漏税，仍然在忙着“装穷”。汉武帝不由得纳闷了，为什么都是商人，差别怎么这么大呢？

汉武帝实在忍不下去了，就授意张汤，拿出“酷”的一手，毫不留情地推行“算缗令”。

于是，张汤就推荐了一个比自己还要“酷”的人，名叫杨可，主持这件事。

杨可不再等着富商大贾自己上门申报财产，而是号召人们互相检举揭发。他大张旗鼓地宣传，凡是举报属实的，立刻就把被告人一半的家产奖励给举报者，当场兑现，决不含糊。杨可的这个做法，历史上叫作“告缗”。

这一手果然厉害。群众的眼睛是雪亮的，谁家有钱，谁家没钱，老百姓了解得最清楚，“穷”是装不了的。而且，重赏之下，必有勇夫。赏给富豪们一半的家产，这个诱惑，实在是太大了，它意味着可以一夜暴富啊，有多少人能够抵挡这个诱惑呢？

就这样，一场声势浩大的检举揭发运动，迅速在全国各地轰轰烈烈地开展起来。司马迁记载说：“杨可告缗遍天下，中家以上大抵皆遇告。”（《史记·平准书》）不要说是富商大贾了，就连中等人家也都跑不掉。

朝廷派遣了一批又一批的官员，下放到全国各地，组成专案组，专门负责收缴没收来的财产。没收来的财物数以亿计，没收来的奴婢数以万计，大的县没收的田产有好几百顷，小的县也不下一百顷，没收的住宅也大致如此。

这场告缗运动，仿佛秋风扫落叶一般，使富商大贾被洗劫一空。司马迁亲身经历了这场运动，他说：“商贾中家以上大率破。”（《史记·平准书》）中等以上的工商业者，几乎都破产了。大商人、大企业主，更是荡然无存。曾经过着像国君一样日子的卓王孙等人，也都一蹶不振了。

在这个时候，卜式却得到了更大的提拔，他被封为关内侯，升任御史大夫，在朝廷中，成了仅次于丞相的大人物。

写到这儿，我突然有一种感觉，就是卜式这个人，似乎越看越像是美国大片里面的那个傻呵呵的阿甘。

那么多心眼倍儿精、脑筋倍儿活的富商大贾破家荡产了，而看上去似乎傻呵呵的卜式，却依然横刀立马，岿然不倒。人生的辩证法，大概就在这一精一傻之间了。

与众多破家荡产的富商大贾相比，卜式无疑是幸运的。但是卜式的幸运，难道是偶然的吗？如果没有真诚的爱国之心，没有社会责任感，没有商人的祖师爷白圭所倡导的仁义之心，卜式能这么幸运吗？

但是，卜式后来还是得罪了汉武帝。他之所以得罪汉武帝，不是因为他办错了事，而是因为他出于仁义之心、出于商业之正道，说了实话。那么，卜式究竟说了什么话呢？

原来，在利用算缗告缗运动打击富商大贾的时候，汉武帝又实行了盐铁官营的政策，也就是把过去富商大贾控制的制盐、冶铁等产业，收归官办，由政府安排官员负责经营。

担任御史大夫的卜式发现，很多地方的人们都不赞成盐铁官营，因为官府销售的盐，涨价很多，官办的工厂生产的铁器，更是质量差、价格高，老百姓都不愿意买。有的地方官府为了完成销售任务，就动用政治权力强买强卖。征收车船税，也使经商的人少了，商品流通受到阻碍，物价更加昂贵。

卜式就把这些情况反映给汉武帝，希望加以改正。

但是，这些政策都是汉武帝直接推行的，卜式的意见，等于是批评汉武帝失策。汉武帝能高兴吗？

司马迁记载说："上由是不悦卜式。"（《史记·平准书》）意思是从此以后，汉武帝就不喜欢卜式了。

不久，卜式被罢了官，被降职为太子太傅。

从卜式的这一段经历来看，卜式显然不是一个只知道拍皇帝马屁的阿谀奉承之徒，也不是一个善于看风使舵的投机分子。决定他言行的，只有一种东西，那就是爱国之心、那就是仁义之心、那就是非常可敬的社会责任感。

不久，关中等不少地方发生了旱灾。汉武帝派出一些官员，到名山大川，祭神求雨。

这个时候，卜式又说了一句惊人的话：“烹弘羊，天乃雨！”（《史记·平准书》）

弘羊，可不是卜式放的什么羊，而是一个人的名字，叫作桑弘羊。卜式是说，把那个叫桑弘羊的人下油锅给炸了，老天爷就下雨了！

那么，桑弘羊究竟是谁呢？卜式又为什么对他那么恨呢？

第十章　盐铁官营

唐朝的大诗人白居易，写过一首诗，叫作《盐商妇》，讽刺一个盐商的妻子不种地、不织布，却过着奢侈的生活。诗很长，最后几句是这样说的：

盐商妇，有幸嫁盐商。
终朝美饭食，终岁好衣裳。
好衣美食有来处，亦须惭愧桑弘羊。
桑弘羊，死已久，不独汉时今亦有。[1]

白居易的这几句诗，如果换成顺口溜，可以这样说：

盐商的妻子啊，你可真是好运连连！你知道你为什

1　《白居易集》卷四《盐商妇》，中华书局 1979 年版，第 84 页。

么这样幸运吗？因为你嫁给了一个卖盐的大款。

自从你嫁给了这个大款，你吃的是山珍海味，穿的是绫罗绸缎。

可是你知道这山珍海味和绫罗绸缎是从哪里而来？它来自桑弘羊搞的官府垄断。你家的老公真会赚钱，即使桑弘羊见了也要惭愧得流汗。

桑弘羊已经死了八百多年，可是，像他那样的人物，仍然还在不断涌现。

白居易诗中一再提到的桑弘羊，究竟是什么人？

桑弘羊，是汉武帝时候的人，他本来是一个商人的儿子。在中国经济史上，桑弘羊这个商人的儿子，可是一个非常重要的大人物。他不仅是汉武帝最倚仗的财政大臣，主持西汉朝廷的财政工作长达二十三年；而且他的所作所为，影响了中国历史两千多年。

那么，桑弘羊这个商人的儿子，为什么会有这么大的能量、这么大的影响呢？

这是因为，桑弘羊帮着汉武帝搞了盐铁官营，建立了一套专卖制度，使得中国古代的工商业政策发生了重大转变，从自由放任，转变为国家控制。

盐铁是什么？盐是老百姓日常生活的必需品，千家万户，不管是有钱，还是没钱，只要张嘴吃饭，一日三餐，都离不开盐。铁也是一样，无论是务农的农具，还是务工的工具，包括军事武器，大部分都是铁制作的。盐属于重要的生活资料，铁属于重要的生产资料。盐和铁都是关系国计民生的重要物资。

如果我们放眼中国古代历史，就会发现，中国古代的盐铁政策，可以归纳为三种模式，第一种模式叫完全民营，第二种模式叫全部官营，第三种模式叫官商合营。

这些盐铁政策的变化，都对中国古代的工商业经济产生了重大影响。桑弘羊搞的，就属于全部官营，在中国古代历史上，有着十分重要的地位。

一、完全民营

前面我们已经讲过，从刘邦当皇帝开始，西汉虽然实行了在政治上打压商人、在人格上侮辱商人的“贱商令”。但是，在经济方面，国家对商人的限制却很少。包括铸钱、冶铁、制盐等容易赚钱的部门，也都放手让私人经营，国家基本上不管。

我们知道，货币的制作和发行，这在今天，无论世界哪个地方，都是由国家或者政府当局管的事情。比如说，在我们国家，人民币的制作和发行，就是中国人民银行负责；在美国，美元的制作和发行，是美联储负责。如果什么人胆敢私下印刷钞票，那可是非常严重的犯法行为。

在我国古代，多数时候，货币的制作和发行，也是归国家管的。但是，在西汉前期，从汉高祖刘邦开始到汉景帝为止的这段时间，货币的制作和发行，国家是根本不管的。

国家不管，什么人管呢？私人。

当然，所谓的私人，也不是随随便便什么人。因为，当时使用的钱是铜钱，要铸造铜钱，需要很大的人力、物力、财力。没有金刚钻，揽不了瓷器活。没有相当的人力、物力、财力，是没有办法铸造铜钱的。当时有能力的人，要么是诸侯王国的国君，例如，汉景帝的时候挑起吴楚七国之乱的吴王刘濞，就是一个铸钱能手。此外，就是富商大贾了。

西汉前期，就连铸钱这样的事情，都放手让商人去干，你说，当时的工商业政策还不够自由放任吗？

钱是什么？是真金白银！是财富的象征！造出一个铜钱，就有了一个铜钱的财富，而且，铸造铜钱本身，也是非常赚钱的买卖。宋朝的时候，有人算过一笔账，铸造1贯铜钱，抛去各种成本，利润率可以达到185%！如果再搞一点儿小动作，掺杂使假，那利润率就更是无比丰厚！

铸铜钱，就像是开银行一样，成了很多富商大贾攫取暴利的产业。

我们已经讲过了大冶铁商卓王孙这个人物。其实，卓王孙除了开铁矿铸造铁器之外，也曾经开采铜矿、铸造过铜钱。

卓王孙的铜矿从哪里来的呢？不是他自己家的，而是从汉文帝的宠臣邓通的手上租来的。那么，邓通的铜矿又是怎么来的呢？说来很有意思，来自汉文帝偶然做的一个梦！

我们知道，汉文帝是一个比较出色的皇帝，历史上有名的“文景之治”，就是汉文帝和他的儿子汉景帝缔造的。但是，再好的皇帝，也有干荒唐事的时候，汉文帝宠爱邓通的故事，就是其中的一个例子。

邓通是四川人，因为善于划船，当上了在皇帝身边服务的叫作黄头郎的小官。他的发迹，全靠汉文帝偶然做的一个梦。

有一次，汉文帝梦见自己正在往天上爬，爬啊爬啊，爬到半空的时候，怎么爬也爬不上去了。正着急的时候，突然有一个人从后面推了他一把，他终于爬到了天上。站在天上往下一看，只见推他的那个人是一个黄头郎，衣服上的带子后面有一个洞。

汉文帝醒来之后，感到非常蹊跷，回忆梦中的情景呢，已经记不清那个黄头郎长什么模样了，只记得那个人衣服带子后面有一个洞。汉文帝就来到黄头郎所在的地方，暗中察访。果然看见一个年轻人似曾相识，更奇怪的是，这个年轻人衣服的带子后面竟然也有一个洞，和梦里一模一样。这个年轻人，就是邓通。

这样，汉文帝梦见自己上天的梦，就成了改变邓通命运的所谓“天上掉下来的大馅饼”。汉文帝认定邓通能帮助自己上天，从此之后，对他宠爱有加，提拔他做了大官，还不断给他大量赏赐。

邓通除了会划船以外，没有任何本事，他得到汉文帝宠爱之后，唯一做的事情，就是小心谨慎地讨皇帝的欢心。

有一次，汉文帝派了一个据说会相面的人，给邓通看相。那个人说：“邓大人最后会穷得饿死。”汉文帝说什么也不相信，他说：“我让邓通享受这样大的富贵，他怎么会被饿死呢？”

于是，汉文帝特地把四川的一座铜矿，赏赐给了邓通，让他自己铸造铜钱。他坚信，邓通自己能铸钱，财富源源不断，无论如何也不会被饿死。

从那以后，在西汉流通的五花八门的铜钱当中，就多了一个品种，叫作“邓氏钱”。而且这种“邓氏钱”的铸造量很大，流通于全国各地。

大概汉文帝赏赐给邓通的铜矿资源很多，邓通自己开采不过来，就把其中的一部分，以每年一千匹丝绸的价格，转租给了卓王孙。卓王孙因此也可以铸造铜钱。

除了铸钱，冶铁、制盐也是产生超级富豪的行业。

西汉前期的大冶铁商，除了卓王孙、程郑之外，还有南阳的孔氏，大盐商则以齐国的刀閒（diāo xián）为代表。

孔氏的祖先，是战国时代的魏国人，早年靠冶铁发家。秦始皇消灭六国以后，孔氏的祖先也像卓王孙的祖先一样，被强迫移民，到了南阳。

在这里，孔氏的祖先，重操旧业，成了规模更大的冶铁商。孔氏的商业贸易，做得也很大。他家的商队，车马连着车马，在各个地方穿梭往来。

孔氏做买卖，有一个很大的特点，就是慷慨大方。无论跟什么地方的商业伙伴打交道，都很慷慨，从来不斤斤计较。正因为如此，人们都愿意和孔氏做买卖。结果，孔氏不仅没有吃亏，反而赚了更多的钱。按照司马迁的说法，就是“其赢得过当，愈于纤啬”（《史记·货殖列传》）。就是说，孔氏的赢利，要比让出去的利多得多，慷慨大方反而比吝啬小气更赚钱。

齐国因为靠海，有渔盐之利，所以也是诞生大盐商的地方。春秋时代，范蠡从越国跑到齐国，改名鸱夷子皮以后，就是靠经营盐业发家致富。刀閒则是西汉时期齐国的大盐商。

刀閒做买卖有一个特点，就是特别会用人，并且专门使用别人不敢用的奴隶出身的人。齐国有一个风俗，就是把奴隶看成贱民，尤其是看上去有点儿狡猾或者脾气暴躁的奴隶，人们都像防贼一样躲着他们。

刀閒却不这样，而是专门招收奴隶出身的人，派他们出去卖鱼贩盐，或者做别的生意。

刀閒招收来奴隶，是不是要残酷剥削、无情压榨呢？也不能这样说。因为，这些奴隶在刀閒的手下，个个成了独当一面的人才。他们带领庞大的车队，或者坐着豪华的车子，或者骑着高头大马，穿着光鲜华丽的衣服，往来各地经商。所到之处，有的还成为地方官员的座上宾。看到这副光景，不了解底细的，根本就不知道他们出身奴隶。

刀閒的用人之道，就是得人之心。在别人眼里很低贱、很不可靠的奴隶，刀閒却信任他们、尊重他们，给他们充分的权力，放手让他们大胆经营。这样做，不仅发挥了这些人的聪明才智，而且更重要的是得到了他们的忠诚。

司马迁记载，刀閒手下的奴隶有一个口号，叫作“宁爵毋刀”（《史记·货殖列传》）。什么意思？就是宁肯拒绝皇帝赏赐的爵位，也不背叛刀閒。

靠着这些奴隶的出色经营，刀閒积累了数以千万计的家产，并且成了大胆用人、善于用人的典范。

现在的很多企业家都懂得人才的重要性，都渴望得到人才，都很羡慕别的企业人才济济。然而，正如明代的大改革家张居正所说："世不患无才，患无用之之道。"世界上有的是人才，每一个时代也都不乏人才，缺乏的是用人之道。这就像人们常说的：世界上不缺少美，缺少的是发现美的眼睛。

但问题在于，怎么算是得用人之道呢？刀閒的用人之道启示我们，最根本的是得人之心。得到了人心，不仅能够得到他的聪明才智，得到他的忠诚，而且能够使他赴汤蹈火亦在所不辞。所谓"士为知己者死"就是这个道理。

那么，究竟又是靠什么得人之心呢？办法虽然很多，但是对人才高度尊重，放手使用，为他们创造施展自己才华的条件，无论如何都是必不可少的。

但是，随着富商大贾势力的膨胀，西汉朝廷与富商大贾的矛盾也逐步尖锐。出于强化专制主义中央集权和稳定农业经济的需要，西汉的工商业政策开始发生变化，从放任转向了控制；从民营转向了官办。这个变化的主线，就是把各种赚钱的行业收归国家，解决越来越严重的财政问题。

最先变化的，是铸钱政策。

汉景帝时，就下令不准私人铸钱，有违犯的判处死刑。但是，私人的铸钱活动并没有停止，而是变成了地下工作，偷偷摸摸地进行，这叫作“盗铸”，也就是我们现在所说的制作假币。

汉武帝即位以后，货币制度变了好几次，折腾来折腾去，私人制作假币的热潮也一浪高过一浪。结果，引起了通货膨胀，物价飞涨，不仅祸害了老百姓，而且为富商大贾提供了囤积居奇、哄抬物价的机会。

很多人因为制作假币落入了法网。一开始，凡是抓到的制作假币者，一律处斩。后来，制作假币的人太多了，抓都抓不过来，执行死刑就更来不及了。有道是“法不责众”，汉武帝一看，怕引起众怒，只好宣布大赦，说只要向政府自首，就可以不再追究法律责任。命令一下，从监狱里放出来的死刑犯有好几十万人，向官府自首的人竟然多达一百多万人，据说这还只是一小部分，因为更多的人不敢自首。

后来，汉武帝发行了一种“五铢钱”，并把“五铢钱”的铸造收归中央，把原料从各地运到首都长安，在长安设厂，统一铸造。由于“五铢钱”的制造成本和它的实际价值差不多，伪造假币无利可图，这才逐渐平息了伪造假币的风潮。

从此，“五铢钱”在我国古代使用了七百年之久，还影响了周边国家的货币制度，例如，现在泰国的钱，就是以“铢”为单位。

二、全部官营

由于汉武帝时期财政状况不断恶化，为了增加财政收入，官营的政策也从铸钱扩展到了制盐和冶铁领域。由此，也就开始了著名的盐铁官营。

西汉朝廷负责财政经济工作的最高长官，叫作大农令，后来改称大司农。最初提出盐铁官营的时候，担任大农令的人，名叫郑当时。郑当时考虑到自己不太熟悉盐铁事务,就向汉武帝推荐了两个大商人来负责这件事。这两个商人，一个叫东郭咸阳，是齐国的大盐商；另一个叫孔仅，是南阳的大冶铁商。这个孔仅，很可能就是前面谈到的南阳大冶铁商孔氏家族的人。

我们知道，汉高祖刘邦曾经立下了一条规矩，商人及其子孙是不准做官的。这条规矩在汉武帝之前一直实行着。郑当时推荐两个大商人负责盐铁官营，和任命卜式当羊倌毕竟不是一回事，这不等于是给汉武帝出了一个难题吗？

汉武帝真不愧是雄才大略、敢作敢为的大政治家，他的脑子里面没有那么多条条框框。他想，什么人最熟悉盐铁事务呢？当然是大盐铁商人了。现在搞盐铁官营，要想搞得好，还确实需要真正的内行。况且，现在的财政危机这么严重，国家脱贫致富才是最要紧的，不能墨守成规了。于是，汉武帝果断地打破常规，任命东郭咸阳和孔仅，担任了大农盐铁丞，也就是作为大农令的副手，分别负责盐和铁的官营事务。

大概汉武帝又对孔仅和东郭咸阳不大放心，就在任命他们做官的同时，安插了一个比较懂商业运作的亲信担任他们的助手。实际上，就是在东郭咸阳和孔仅的身边安插了一个卧底。那么，这个在孔仅和东郭咸阳身边充当卧底的汉武帝亲信是谁呢？他就是我们本章开头提到的商人之子桑弘羊。

那么桑弘羊这个商人之子，怎么就成了汉武帝的亲信呢？

由于司马迁写《史记》、班固写《汉书》的时候，都不愿意给桑弘羊立传，所以，关于桑弘羊的故事，历史上留下来的资料并不多。我们只知道，桑弘羊出身于洛阳的一个商人家庭，十三岁的时候，因为具有特殊的心算技能，入宫陪皇太子读书。这个皇太子，就是后来成为汉武帝的刘彻。

心算是一种什么技能呢？汉代的时候，人们计算数字，用的是一种被称为“筹码”的工具。这种“筹码”一般是用竹子制成的，上面刻着不同的数字符号。

桑弘羊大概从小受到商人家庭的影响，非常会算账，可以不用筹码，完全用头脑运算，而且算得非常精确。在当时，可以说是少有的数学天才。

西汉的刘家皇室，在培养教育皇子王孙的时候，也都非常重视数学。安排数学天才桑弘羊来当刘彻的伴读，就是为了培养刘彻对于数学的兴趣，提高学习成绩。由于刘彻和桑弘羊年龄差不多，又多年在一起读书学习，两个人就成了要好的发小伙伴。汉武帝一生都对桑弘羊非常信任，除了桑弘羊能帮他生财，也和这种少年时的感情基础有关。就这样，桑弘羊也直接参与了盐铁官营政策的制定。

经过几年的筹备，盐铁官营的政策正式出台了。

盐的官营，做法是民产官销。也就是官府招募盐的生产者，并提供煮盐的铁锅，严密控制生产过程，生产的盐全部由官府收购，然后官府在各个地方组织销售。

铁的官营，做法是官产官销。也就是在全国各个地方设置铁官，从铁矿的开采、冶炼，到铁器的制造，再到产品的销售，所有环节都由官府一条龙负责。

老百姓任何人都不能再擅自生产和销售盐铁，有违反者，处以“钛（tài）左足”（《史记·平准书》）的刑罚。

“钛左足”是什么意思？就是用铁打造一种像袜子一样的刑具，给犯人穿在左脚上，这种刑具有6斤重，约合现在的1.5公斤。据说，这种刑法是代替以前的刖刑，所谓的刖刑，就是砍掉一只脚。现在不砍脚了，改成给犯人穿铁袜子，这应该是一种文明的进步。但是，犯人不管干什么，无论是走路，还是干活，也不管是吃饭，还是睡觉，一天到晚，一年到头，都穿着这样一只沉重的铁袜子，那是什么滋味啊？那滋味，恐怕也不会比砍脚好受多少吧。

盐铁官营的政策制定好之后，汉武帝就派孔仅和东郭咸阳，乘车在全国各地巡回视察，推行这些政策，各个地方都设置了专门负责盐铁事务的衙门。同时，“除故盐铁家富者为吏”（《史记·平准书》），就是选拔了一批过去发了财的盐铁商人，让他们作为政府的官吏，充实到新设立的盐铁衙门中去。结果，在盐铁官营的过程中，无论是政策的制定者，还是政策的执行者，不少人都是盐铁商出身。

这样一来，汉武帝的盐铁官营，就出现了一个非常有意思的现象：一方面，这个盐铁官营政策，本来是官府要打击富商大贾势力，剥夺他们盐铁业经营权，来增加政府的财政收入。另一方面，却又把一部分盐铁商人，从打击对象，转变成了官府的官吏，再利用他们，去打击其他不听话的商人。

如果说，汉武帝搞盐铁官营，等于是关上了富商大贾的发财之门，那么，他把一部分愿意配合的富商大贾吸收到了官僚队伍中来，又等于是给这部分人敞开了另外一扇仕途之门。过去，富商大贾无论多么有钱，都只能当土财主，只能富而不贵。现在，他们中的一部分人被招安了，从朝廷不喜欢的“草寇”，被收编成了中央军，有了体面的身份和地位。如此，这些人能不卖命吗?

当然，能够当官的商人毕竟只是少数，多数富商大贾是要被打击的。汉武帝的做法，是拉拢一小批，打击一大片，既打击又利用，以毒攻毒，以商制商，分化了商人力量，减少了官营阻力。

孔仅因为实行盐铁官营有功，被提拔为大农令。东郭咸阳大概因为去世了，后来的历史上再也没有出现他的名字。

虽然官办的各级盐铁机构中，使用了一些过去的盐铁商人，算是使用了专家型的内行人才。但是，既然盐铁官营属于利用政治权力搞的垄断，独此一家，别无分店，排斥了竞争，掺进了官僚主义，它就必然与市场规律背道而驰。

盐铁官营不久，这些弊病就暴露出来。官府销售的盐，涨价很多；官办的工厂生产的铁器，更是质量差、价格高，老百姓都不愿意买，有的地方甚至出现了“木耕”“淡食”（《盐铁论》）。意思是老百姓买不起铁制工具，只好用木头工具耕地；老百姓买不起盐，只好吃没有滋味的菜。

面对这种情况，卜式，这个汉武帝亲手树立的爱国商人的模范看不下去了；孔仅，这个盐铁官营政策的主持者也看不下去了。他们都向汉武帝反映情况，希望加以改正。

卜式和孔仅没有想到，他们无论是爱国商人的模范，还是盐铁官营的功臣，其实都只不过是汉武帝御用棋盘上的两个棋子儿而已，一旦和皇帝唱起了反调，他们的利用价值也就丧失了。

结果，这两个人都得罪了汉武帝，都被罢了官。

这个时候，事先潜伏在孔仅身边的那个卧底，也就是商人的儿子、汉武帝的亲信桑弘羊，正式浮出水面，走上了前台。从此，桑弘羊主持西汉的财政经济工作，长达二十三年。

桑弘羊上台以后，继续推行盐铁官营，除此以外，还发明了好几个办法，进一步扩大了官营工商业的范围。

桑弘羊发明的一个办法，叫作“均输”“平准”。

“均输”是什么意思？过去，各个地方每年都必须向朝廷进贡土特产品。由于交通不便，把这些进贡的东西运到首都，往往需要花掉很多运费；运到之后，也未必一定是朝廷需要的东西。

桑弘羊发明的“均输”规定，各个地方把应该进贡的东西收上来以后，不必运到首都，而是交给专门设立的“均输官”，运到价格高的地方卖掉。

这个办法，不就是官营商业贸易吗？桑弘羊在全国很多地方都设立了“均输官”，也就构筑了一个全国性的官营商业贸易的网络。

那么，“平准”又是什么意思呢？

“平准”是桑弘羊设在首都的一个机构，主要负责贱买贵卖，平衡物价。

“均输”“平准”两个方面结合起来，西汉朝廷就控制了全国的市场。即通过“均输”掌握地区之间的贸易，通过“平准”控制首都的物价。

“均输”和“平准”利用的都是各地进贡的物资，可以说做的是无本买卖。

桑弘羊还有一个发明，叫作酒类专卖。

我们的祖先，早在新石器时代，就知道如何造酒，古人也都很喜欢喝酒，逢年过节，婚丧嫁娶，亲友聚会，祭祀祖先，酒都是少不了的东西。正因为酒也像盐一样，是老百姓日常生活必需的东西，而且消费量很大，所以造酒、卖酒也是相当赚钱。司马迁曾经算过一笔账，如果一年造酒一千瓮，按照投资一百万钱计算，可以得到二十万钱的利润，相当于战国时代的一个“千乘之国”的年收入。

桑弘羊就盯上了酒这个买卖。他规定，老百姓可以开酒厂，但是造酒的原料（比如说酒曲、粮食等）都必须向官府购买；造出酒后，也不能自己卖，必须全部卖给官府，由官府统一销售。司马相如和卓文君两口子，如果赶上了这个时候，要想开酒馆当垆，恐怕是没有指望了。

桑弘羊这样一搞，等于是把当时所有的赚大钱的行业，从制盐、冶铁，到土特产贸易，再到卖酒，全都收归官办了。留给民间的，只是一些不大赚钱的针头线脑的小买卖。

所以说，汉武帝以商制商，除了利用一小批商人、打击一大批商人之外，还包括一项很重要的内容，这就是发展官营工商业，取代私营工商业。

由于官营的这些工商业，本身都是容易赚钱的买卖，官府手里面还掌握着政治权力，即使是傻瓜躺在那里睡大觉，也不愁赚不着钱。所以，搞了这些官营工商业之后，西汉政府的财政状况，有了非常显著的改观。汉武帝也度过了财政危机，又变得“不差钱”了。

在我国历史上，桑弘羊是著名的理财高手。其实，桑弘羊的这些做法，无一不依赖汉武帝的支持。如果说，桑弘羊是理财高手，汉武帝则可以称得上“赚钱大王”了。

但是，这些官营工商业政策，从一开始就遭到了不少人的反对。人们不敢骂汉武帝，都把一腔怨气撒到了桑弘羊的头上。

比如说，爱国商人的模范人物卜式，鼻子都气歪了。有一年发生了旱灾，卜式就说：“官府靠什么过日子？靠的是向老百姓征税。现在，桑弘羊却让官吏跑到街上做买卖赚钱，与民争利，这成何体统啊！烹弘羊，天乃雨！把那个桑弘羊下油锅炸了，老天爷就下雨了！”

实际上，何止是卜式骂，在整个中国历史上，一提起官营工商业的弊端，不骂桑弘羊的人不多。司马迁写《史记》、班固写《汉书》，都不愿意给桑弘羊立传，就是因为他们都反对这种官办工商业。宋代的大文豪苏东坡，甚至一提到桑弘羊的名字，都感到恶心。他说：桑弘羊的名字，“如蛆蝇粪秽也，言之则污口舌，书之则污简牍。”

（《东坡志林》卷五）在这些人眼里，桑弘羊简直成了人类所不齿的狗屎！

但是，人们骂归骂，桑弘羊的许多办法却被继承了下来。在后来的历史上，除了少数一些时期之外，大部分时期都搞官营工商业，甚至有的王朝，比桑弘羊走得还要远、做得还要多。

比如，唐朝随着饮茶的普及，茶叶成了人们日常生活的必需品。从唐朝开始，茶叶也像盐、酒一样，被纳入了官府的专卖。到了宋朝，就连人们做菜、吃饭用的醋，也都成了官府的专卖物资。

结果，一个桑弘羊死了，又前仆后继地诞生了很多新的桑弘羊。本章一开始，我们提到了白居易的诗《盐商妇》，里面有一句“桑弘羊，死已久，不独汉时今亦有”，说的就是这个意思。

这样一来，我们就在历史上看到了一幅很奇怪的景象，这就是：很多人在跳着脚地骂桑弘羊，骂得狗血喷头；又有很多人在悄悄地学习桑弘羊，学得津津有味。

那么，为什么后世之人，对于桑弘羊一边骂一边学呢？

桑弘羊的那一套办法，说到底，就是官府来经营工商业。官府为什么要经营工商业？除了重农抑商的因素，最主要的目的就是赚钱、解决财政问题。因此，对桑弘羊骂也好、学也罢，全都是围绕财政问题展开的。

也就是说，人们之所以骂桑弘羊，是因为，在古代的封建社会，官营工商业赚的钱，主要是为养兵、养官、供应统治者奢侈挥霍服务，虽然不能说没有一点儿生产性、公益性的作用，但是远远不能和前者相比。因此，官营工商业的扩张，构成了行政垄断，严重浪费了社会资源，妨碍了民间经济的发展，压制了人们的创造力，扼杀了经济的活力，阻碍了社会经济的正常发展，影响了老百姓的生产生活。

人们又为什么学桑弘羊呢？是因为，一方面，国家的统一、国力的强盛，离不开财政的支持；另一方面，历朝历代的封建王朝，随着官僚队伍和军队的膨胀，又都感到手头紧张，越来越差钱，需要变着法子增加财政收入。

但是，后世之人在学桑弘羊的时候，也没有完全照搬他的那套全盘官营的模式，而是有一些调整和变革。官商合营，就是这样出现的。

三、官商合营

官商合营是怎么回事呢?

比如说，盐的政策，在桑弘羊的时候，是官府严密控制生产,把盐全部收购起来,再由官府销售到千家万户。

后来就不这样做了。官府还是严密控制盐的生产，先把全部产品收购起来，然后批发给商人，由商人分销到千家万户。盐的流通过程分成了两个阶段，第一个阶段是官府经营，第二个阶段是商人经营。当然，不是说随便什么商人都能经营，商人要想卖盐，必须从官府那里获得盐的专卖经营权。这样做，既给民间商人留下了一定空间，也在一定程度上避免了全部官营效率低下的问题。

在我国古代后期，经济发展史上的不少大事，都和官商合营的工商业政策的变化，有直接关系。

比如，我们现在无论走到哪里，都离不开用纸印刷的钞票，人民币我们天天用，自不必说，美元也好、欧元也罢，还有英镑、日元，全世界的钱都是用纸做的。而以纸为货币，就是我们中国人发明的，距今已经有一千多年的历史。这一点，相信很多朋友都知道。但问题是，我们的老祖宗为什么想起来用纸来做钱呢？

我国最早的货币，是海边出产的一种贝壳，叫作贝币。

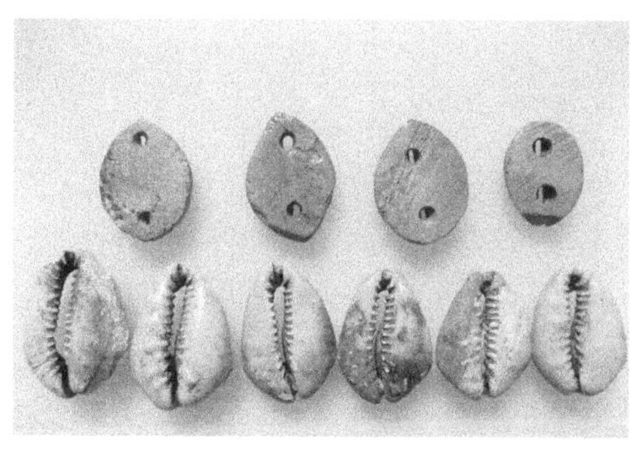

贝币

甲骨文的贝字。图片来源：吴慧主编《中国商业通史》第一卷，中国财政经济出版社2004年版，第85页。

由于贝币是钱，可以用来购买各种各样的东西。所以，汉字里面，凡是和财富、交易有关系的文字，很多都有“贝”。例如，甲骨文的“买”字，从网、从贝，贝是货币、交换手段；网是获得利益之意。

还有一个字，是一个人拜倒在贝的前面。显示出贝是财富的象征、人对于货币的崇拜。

甲骨文的这个字，就是一个人跪在一个贝币的面前。真正的贝币，大小就像人的小拇指尖。但是甲骨文的这个贝字，和跪倒在它面前的人相比，却是硕大无比。而向它卑躬屈膝的人，则显得单薄和渺小。这幅图景，反映的是人的什么观念呢？

图片来源：吴慧主编《中国商业通史》第一卷，中国财政经济出版社2004年版，第85页。

由于贝币十分原始，所以战国时期，出现了各式各样的用铜铸造的钱币。秦始皇统一全国以后，统一货币，铜钱的形状统一为圆形方孔，象征着天圆地方。所以古时我们也称钱为“孔方兄”。自那以后，铜钱的形状固定下来，一直沿用了两千多年，是我国古代最主要的货币形态。

但是，铜钱有一个很大问题，就是笨重。

铜钱以贯为单位，一贯一千文。例如，唐宋时期，一贯铜钱大约三公斤多一点，一万贯铜钱就是三万多公斤。过去，我们形容一个人有钱，就称他为“腰缠万贯”。其实，“腰缠万贯”是根本办不到的，一万贯铜钱三万多公斤，不把人压成肉饼才怪呢！

由于商品交换空前发展，铜钱不够用，宋代的四川等地，还使用铁钱。铁钱就更麻烦了，因为它价值低却更笨重，每贯四公斤多，一万贯的铁钱就是四万多公斤。

铜钱、铁钱笨重的问题，在买几斤米、买几斤菜这样的小额交易当中，还不算是什么事。但如果是大规模、远距离的贸易，就显得很不方便了，光是铜钱、铁钱的运输成本就很高。

随着商品交换的发展，特别是长距离大规模贸易的发展，铜钱和铁钱使用起来非常麻烦。为了克服这种困难，人们想了很多办法。其中一种办法就是纸币。北宋时期，就首先在四川地区，发明了世界上最早的纸币。当时叫“交子”。

纸币极大地方便了商品交换、降低了交易成本。南宋的时候，纸币的使用更加广泛。元代的时候，纸币成了主要货币，不但通行于全国，而且在现在的朝鲜半岛、越南、泰国等地通用，也是很值钱的硬通货。

其实，纸币的出现，还不完全是因为铜钱、铁钱笨重不方便，更重要的还是商业信用关系的发展。一张纸，写上或者印上一些符号，为什么就能拿到市场上买东西呢？为什么人人都能承认这张纸具有购买力呢？这个背后起作用的，就是信用制度。如果没有信用制度的发展，无论铜钱、铁钱多么笨重，也不可能从里面产生出纸币！

那么，这种信用制度是怎么发展起来的呢？宋朝人发明的纸币，又为什么叫“交子”呢？这就和茶、盐专卖制度有关系了。

北宋的时候，为了防御大辽和西夏，在北部沿边地区驻扎了几十万的军队。这么庞大的军队，需要吃饭，他们的战马需要草料。这么多军队，粮草的供应是一个大问题。

怎么办呢？北宋政府想出了一个用茶、盐换粮草的办法。就是号召商人把军需粮草运到沿边地区，交给官府，官府付给商人一个用纸制作的票据，这个票据，叫作“交引”。商人拿着这个叫作“交引”的票据，可以向官府换盐，也可以换茶。商人换到茶、盐以后，就可以在官府指定的地区销售了。

官府为了调动商人的积极性，给的茶、盐数往往大大超过粮草的实际价值，茶、盐又是专卖物资，垄断利润很高，所以商人们都很踊跃。

交粮草是在北部边境，换茶、盐是在内地盛产茶、盐的地方，中间隔得很远，把这两个环节联系在一起的，就是那个用纸做的叫作“交引”的票据。只要拿着“交引”，无论什么人都能换到茶、盐，认票不认人，所以“交引”属于一种信用凭证，也是一种有价证券。

“交引”还可以转让，一些富商大贾开设“交引铺”，专门经营“交引”的买卖，形成了有价证券的交易市场。

“交引”作为有价证券，很值钱。拿着“交引”，除了能换到茶、盐，还能换到各种各样别的东西。就这样，在“交引”的启发之下，人们发明了纸币，连名字也叫“交子”。

所以说，“交子”这种世界上最早的纸币的出现，与茶、盐专卖制度有着内在的联系。

再比如说，明清时期，我国出现了很多商帮，其中，最著名的是北方的晋商和南方的徽商。大家熟悉的乔家大院，还有胡雪岩，就分别属于这两大商帮。那么，晋商和徽商又是怎么来的呢？仍然和盐的专卖制度有关。

明朝建立以后，元朝的残余势力跑到了蒙古草原地区，经常发兵南下。为了防御，明朝在北方一面修建长城，一面驻扎重兵。为了解决军需粮草问题，明朝也采取了像宋朝一样的用盐换粮草的办法。这种制度当时叫作“开中制”，名称虽然变了，但是它的做法，和北宋完全一样。

山西的商人，就利用自己既靠近边境，又靠近池盐产地的地理优势，捷足先登，抓住了这个历史机遇。通过运送军需粮草和贩盐，获得了巨大利润。晋商的第一桶金子，就是这样赚到的。

徽商的活动区域，主要是江浙一带。这里的淮南地区，恰好是海盐的重要产地和批发市场。明朝初年，在用粮草换盐的政策之下，经营淮盐的多数是山西、陕西商人，徽商还不占上风。明朝中期以后，淮盐的专卖政策发生变化，商人要贩盐，不需要在北方沿边地区交纳粮草了，只需要在产盐区的扬州等地交纳银子就可以了。徽商就抓住了这个历史机遇，很快把山、陕商人排挤出去，把持了淮盐生意。从此以后，徽商发展成了南方的第一大商帮。

显而易见，中国古代后期工商业经济的很多大事，都和国家的盐铁专卖政策的变化有密切关系。晋商和徽商的兴起，都是因为及时抓住了这种国家政策的变化。

以上内容，主要讲了司马迁笔下的一些工商业者的传奇故事。

通过这些故事，我们知道了在中华民族五千年的文明史上，我们的祖先，不仅创造过辉煌灿烂的农业文明，也创造过非常发达的工商业文明。工商业文化，是博大精深的中国传统文化的重要组成部分，堪称一座姹紫嫣红的智慧花园、发人深省的美德教堂。

如今，中国经济正在重新崛起，中国制造的产品已经畅销全球，中国企业也正在走向世界，中华民族正在实现伟大复兴。但是与此同时，我们全社会也在越来越被假冒伪劣、坑蒙拐骗整得心惊胆战，全社会也在越来越关注商业道德、诚实经营的问题。

在白圭所讲的“智、勇、仁、强”中，我们或许不缺善于创新的“智者”，也可能不乏敢于冒险的“勇者”，但是，我们还需要越来越多取予有道的“仁者”、需要越来越多严于自律的“强者”。

现代商业社会，应该是一个“仁者”的社会。因为无论我们居住在哪里，也不管我们靠什么谋生，我们的工作和生活，都离不开商品的交换。往大处说，居住的房子、乘坐的汽车；往小处说，衣服上的一枚纽扣，甚至是小小的一根银针，都要靠交换才能到手。一旦离开了交换，我们的生活会是什么样子呢？那可真是不敢想象！

既然我们不能自给自足，也就没有办法不管别人的死活而独善其身。你和你的孩子可以不喝自己炮制的毒奶粉，但是，你纵有火眼金睛，能躲得过别人炮制的地沟油、毒大米、毒蘑菇、毒韭菜……的暗算吗？

现代商业社会，还应该是一个“强者”的社会，也就是不管富人还是穷人都能够严于律己、守法经营的社会。如果富人自以为有钱了，财大气粗了，高高在上了，就可以唯我独尊、肆意妄为、违法乱纪了，就可以草菅人命了，什么都可以摆平，一切都可以搞定；如果穷人为了发财，可以不择手段、伤天害理、昧心缺德、坑蒙拐骗，虽然暂时可能得便宜，却终究会招致灭顶之灾！

“仁者”“强者”的增多，需要法制，也需要文化——法制规范人的行为，文化启迪人的良知。就文化来说，我们有必要好好总结一下我国历史上的商业智慧，特别是传统的商业美德。

“不听老人言，吃亏在眼前。”古人对于工商业者的经营之道、处世之德、修身之理、治家之策的精辟总结、深刻反思，凝结着无数心血，来自几多成败，我们没有理由漠视，更没有资格鄙弃！

无根之树，焉能参天？数典忘祖，魂归何处？传承本土商业文化、弘扬传统商业美德，是中国所有企业家的必修课，也是新一代中国人的历史使命。

司马迁笔下的商人世界，还只是源远流长的中国商业文化的上游先头而已。

参考文献

司马迁著：《史记》，中华书局 2014 年版。

吴慧主编：《中国商业通史》第一卷，中国财政经济出版社 2004 年版。

赵靖主编：《中国经济思想通史》（修订本）第一卷，北京大学出版社 2002 年版。

李埏等著：《〈史记·货殖列传〉研究》，云南大学出版社 2002 年版。

胡寄窗著：《中国经济思想史简编》，中国社会科学出版社 1981 年版。

吕庆华著：《货殖思想论略》，中国言实出版社 2009 年版。

陈书仪著：《管子大传》，齐鲁书社 2008 年版。

晋文著：《桑弘羊评传》，南京大学出版社 2005 年版。

南怀瑾讲述：《漫谈中国文化——金融·企业·国学》，东方出版社 2008 年版。

上海大学、江南大学《乐农史料》整理研究小组选编：《荣德生与企业经营管理》，上海古籍出版社 2004 年版。

www.ingramcontent.com/pod-product-compliance
Ingram Content Group UK Ltd.
Pitfield, Milton Keynes, MK11 3LW, UK
UKHW062306290726
14090UKWH00018B/909